高校图书馆学科服务

与社会化服务创新研究

王　红◎著

吉林文史出版社

图书在版编目（CIP）数据

高校图书馆学科服务与社会化服务创新研究 / 王红
著 . — 长春 : 吉林文史出版社 , 2024.1
ISBN 978-7-5752-0055-4

Ⅰ . ①高… Ⅱ . ①王… Ⅲ . ①院校图书馆－图书馆服
务－研究 Ⅳ . ① G258.6

中国国家版本馆 CIP 数据核字 (2024) 第 034484 号

高校图书馆学科服务与社会化服务创新研究
GAOXIAO TUSHUGUAN XUEKE FUWU YU SHEHUIHUA FUWU
CHUANGXIN YANJIU

著　　者：王　红
责任编辑：马铭烩
出版发行：吉林文史出版社
电　　话：0431-81629369
地　　址：长春市福祉大路 5788 号
邮　　编：130117
网　　址：www.jlws.com.cn
印　　刷：河北万卷印刷有限公司
开　　本：710mm×1000mm　1/16
印　　张：16.5
字　　数：220 千字
版　　次：2024 年 1 月第 1 版
印　　次：2024 年 1 月第 1 次印刷
书　　号：ISBN 978-7-5752-0055-4
定　　价：98.00 元

前　言

在当前知识经济的背景下，社会进步与发展无疑离不开信息和知识的驱动。作为知识和信息管理的重要机构，图书馆在知识创新、文化传播、社会教育等各个方面都发挥着不可忽视的重要作用。尤其是高校图书馆，它以高校的学术环境为依托，承担着为学校的教学、科研和社会服务提供信息保障的任务，同时它也是高校科研创新和人才培养的重要支撑。因此，对于高校图书馆的学科服务和社会化服务来说，它们的发展水平和质量的优劣不仅直接影响到学校的教学科研水平，而且更关乎图书馆自身在社会中的价值定位和服务形象。

面对日益复杂多变的信息环境和用户需求，高校图书馆的学科服务与社会化服务如何做到创新以满足这些需求，是当前图书馆学界和实务界共同关注的重要课题。因此，本书旨在研究并深入探讨这一重要问题。本书基于对高校图书馆学科服务与社会化服务创新的理论和实践研究，旨在为相关的学者、研究者和图书馆工作人员提供理论参考和实践指导。

全书由理论基础和实践创新两大部分组成，共七章。理论基础部分，从高校图书馆的发展历程和服务形式进行深入剖析，让读者对高校图书馆有一个全面、系统的认识。在此基础上，本书详细探讨了高校图书馆学科服务和社会化服务的理论，包括定义、内容、原则、价值，以及需求研究、服务标准和质量评价体系等，为高校图书馆服务创新提供了理论指导。实践创新部分深入学科服务和社会化服务的实践层面，详细介绍了战略设计、资源整合、技术支持、效果评估等各个环节，揭示了服务创新的实践路径。特别是在服务创新的策略探索和服务创新手段方面，本书提出了一系列具有实际操作性的策略和手段，对高校图书馆的实务工作具有很高的指导价值。本书还关注到学科服务和社会化服务的整合问题，认为两者并非孤立的，而是相互关联、相互促进的。通过学科服务和社会化服务的整合，不仅可以提高服务效率，还可以优化服务结构，从而实现服务的全面优化。本书从整合需求、整合路径和整合效果评估等方面，进行了系统的研究，提出了创新的整合策略和方法。在深入研究的基础上，对高校图书馆学科服务和社会化服务的创新进行了深入的思考和展望，希望为高校图书馆的未来发展提供有益的思考和参考。

本书在编写过程中参考了众多专家学者的研究成果与文献资料，在此表示衷心的感谢。由于编者水平有限，书中难免存在不足，欢迎专家和广大读者不吝批评指正！

目　录

理论基础部分

实践创新部分

理论基础部分

第一章　高校图书馆发展概述

第一节　高校图书馆的发展历程

高校图书馆的发展历程包括高校图书馆的起源和早期发展、高校图书馆的现代化发展、高校图书馆的数字化发展，经过这三个发展关键阶段，高校图书馆逐渐从简单的书籍收藏部门发展到现在的学术信息中心。

一、高校图书馆的起源与早期发展

高校图书馆的起源和早期发展是一个复杂而多元的过程，既反映了知识、学术和教育的演变，也预示了后续的现代化和数字化发展。

（一）古代学院和图书馆的起源

高校图书馆的起源不仅是知识传播的历史，也是古代文明演变的重要部分。其发展历程可以追溯到古希腊和罗马时期的学院制度。

早在公元前4世纪，古希腊就设立了专门的学院系统，这些学院以其丰富的书籍资源和独特的教育方法吸引了众多的学者。这些学院设有专门的图书馆来存放和管理书籍，其中最知名的是亚历山大图书馆。历代国王十分热衷于收集图书,因此亚历山大图书馆的馆藏一度达 70 万卷。[①]亚历山大图书馆的建立,象征着知识的集中,也象征着文明的繁荣。它成为古希腊文明的智慧之源,吸引了无数的学者和研究者前来借阅和研究。与此同时,在古代罗马,图书馆也扮演着重要的角色。罗马的图书馆,比如凯撒大帝建立的阿波罗图书馆,都是公共的知识中心。他们收藏了大量的手稿和书卷,包括历史、哲学、文学、艺术等各个领域的知识。这些图书馆为公众提供了学习和研究的场所,促进了知识的传播和文化的交流。

中国古代的学院图书馆也在知识传播和学术发展中起到了重要的作用。据记载,孔子就拥有自己的私人藏书,他的书库被视为中国最早的图书馆。孔子的藏书涵盖了"诗、书、礼、乐、易、春秋"六艺,对他的教学和后来的儒家学派产生了深远的影响。孔子的学生们在学习和研究过程中,不断地充实和扩大这个藏书库,使其成为当时知识交流的中心。

(二)中世纪大学的出现与图书馆的发展

中世纪是西方历史上的一个重要阶段,特别是教育制度和学术环境的发展,对后世产生了深远影响。在这一时期,随着大学制度的建立,高校图书馆开始出现并逐渐发展,成为学术活动的核心。

11—12 世纪,欧洲的学术环境开始发生深刻的变化。由于城市化进程的推动和宗教改革的影响,出现了第一批独立的大学,比如意大利的博洛尼亚大学和法国的巴黎大学。这些大学与当时的修道院学校不同,它们由世俗势力支持,具有较高的自治性,更加注重批判性和理论性的学习。在这个背景下,大学图书馆开始成为高校生活的重要部分。这些图书馆收藏了大量的书籍,包括经院哲学、神学、法学、医学等多种学科的著作。图书馆的设立,为教师讲授课程和学生自主学习提供了必要

---

① 张荣,金泽龙.图书馆学基础[M].成都:电子科技大学出版社,2015:1.

的资源。比如，在巴黎大学的图书馆中，可以找到阿里斯托的经典著作、教父的神学论文、罗马法典等重要的学术资料。这些资料的存在，极大地推动了当时的学术研究和知识传播。同时，大学图书馆也成为学习和传播知识的场所。在中世纪的大学中，图书馆常常被用作讲课的地点。在这里，教师们讲解经典著作，和学生进行知识的探讨。通过这种方式，图书馆成为知识的生成和传播的核心场所，对当时的学术氛围产生了深远的影响。

需要指出的是，中世纪的大学图书馆也面临许多挑战。一方面，由于经济条件的限制，图书馆的藏书数量往往不足。书籍的制作成本高昂，导致图书馆难以获取大量的书籍。另一方面，图书馆的管理制度还不完善，图书的保护和使用存在很多问题。比如，书籍的损失和破损现象严重，图书的借阅和归还制度也不健全。尽管如此，中世纪的大学图书馆还是为后世的高校图书馆发展打下了重要的基础。它们在书籍收藏、知识传播、学术研究等方面的实践，为图书馆的现代化发展提供了宝贵的经验。通过研究这一阶段的历史，可以更好地理解高校图书馆的发展过程和其在学术活动中的重要作用。

（三）大学图书馆的专业化和扩张

16—18世纪，也即启蒙时代，大学图书馆经历了显著的变革。在此期间，知识的积累和学科的划分，以及人文主义和科学革命的推动，使大学图书馆开始朝专业化和扩张的方向发展。

一方面，图书馆的藏书开始快速增加。在这个时期，出版业的发展和印刷术的普及使书籍的生产大幅度提高，图书馆的藏书也因此得到了迅速的增长。此外，许多图书馆还通过从教会、贵族以及学者那里获得捐赠来扩充藏书。另一方面，图书馆的管理也开始专业化。为了更好地管理日益增多的藏书，图书馆开始引入分类系统和目录制度。

此外，图书馆建筑本身也发生了变化。以前，图书馆往往只是一个存放书籍的地方，没有专门的阅读和研究空间。但在这个时期，许多图书馆开始重视阅读环境的改善和学术氛围的营造。例如，牛津大学的波德利安图书馆就是这个时期的代表。它不仅有巨大的藏书量，而且其建筑设计也充满了学术气息，为读者提供了舒适的阅读和研究空间，成为当时欧洲较为重要的学术中心之一。

二、高校图书馆的现代化发展

在近代高校图书馆的发展过程中，其进步的步伐可以从多方面体现出来，包括技术应用、服务方式的转变、管理改革和理念的更新。每个步骤都标志着高校图书馆如何适应变化中的环境，以满足日益提高的用户需求，并为高校的教学和科研工作提供更高质量的服务。"现代化技术发展的重要标志是计算机技术。在图书馆工作中，计算机技术已经被广泛应用。"[1]

从技术应用的角度来看，高校图书馆已经充分利用计算机技术和网络技术，这在很大程度上改变了图书馆在资源采集、组织、服务及管理方面的工作方式。新型的电子资源如电子书籍、电子期刊、数据库、数字档案等已经进入图书馆，这些资源的数量和种类都远远超过了传统的纸质书籍和期刊。新型的电子资源不受物理空间的限制，方便了存储和传输，并有利于快速复制和多点共享。此外，利用信息技术，图书馆还能提供自动化借还、在线咨询和电子目录查询等服务，这些都提高了图书馆的服务水平和用户满意度。

从服务方式的转变来看，现代高校图书馆不仅提供图书，还提供电子资源、数据库、电子书、电子期刊等各种类型的信息资源。此外，图书馆还开展了如信息检索、信息素养培训等新的服务项目。为了方便用

---

① 云玉芹. 新时代高校图书馆社会化服务与创新 [M]. 长春：吉林人民出版社，2021：6.

户便捷获地取图书馆资源和服务，提高图书馆的工作效率，图书馆还大量使用了远程服务、自助服务和在线服务等新的服务方式。

从管理改革的角度来看，高校图书馆已经在组织结构、人员配置、业务流程和质量控制等方面进行了科学的改革。例如，高校图书馆已经设置了更为专业化的部门，如数字资源部、信息服务部、信息技术部等，以适应信息服务的多样性和专业性。在人员配置方面，图书馆已经开始重视多元化的人才队伍建设，招聘了信息科学、计算机科学、管理学等专业背景的人才。此外，高校图书馆为了更准确地了解用户需求，更科学地安排资源，更有效地提供服务，在工作中已采用统计分析、质量管理和绩效评价等科学方法。

从理念更新的角度来看，现代高校图书馆以用户为中心，提供高质量的个性化服务，尊重和保护用户的权益，鼓励创新并尝试新的服务模式。这种以用户为导向的服务理念不仅提高了图书馆的服务质量和用户满意度，也提升了图书馆的社会价值和影响力。

三、高校图书馆的数字化发展

在互联网和数字技术飞速发展的 21 世纪，数字化对高校图书馆的发展构成了新的挑战和机遇。这一时期，高校图书馆正在经历一场从传统图书馆到数字图书馆的转型，这就是图书馆的数字化发展。

数字图书馆是一种采用数字和网络技术将各类信息资源数字化并通过网络传播和提供服务的新型图书馆形态。数字图书馆的收藏不仅包括数字化的书籍、期刊、论文、报告等传统文献资源，还涵盖图片、视频、音频、软件、数据集等各类非文献资源。这些资源可以在任何时间、任何地点通过网络进行访问，极大地提高了信息的可获得性和使用效率。数字图书馆的构建是高校图书馆数字化发展的核心。这一构建过程涉及数字资源的创建、数字服务的提供以及数字系统的建设。数字资源的创建主要是对各类信息资源进行数字化，同时进行标准化、组织化、结构化的处理，以便通过数字系统进行有效的管理和服务。数字服务的提供是在数字资源的基础上实现的，通过网络提供各种信息服务，如信息检索、信息推送、在线咨询、电子阅览等。而数字系统的建设是搭建一个能够支持数字资源管理和数字服务的计算机和网络系统，包括硬件设备、软件系统、网络设施等。

构建数字图书馆需要投入大量的人力、物力和财力，因此需要科学的规划和管理。在规划阶段，高校图书馆需要全面分析现有资源、用户需求、技术发展等多个方面，确定数字图书馆的定位、目标、策略和计划。在管理阶段，需要对数字图书馆的建设和运行进行全程的监控和调控，包括项目管理、质量管理、风险管理等，以确保数字图书馆的建设和运行能够达到预期的目标。然而，数字图书馆的建设并不是一蹴而就的，还需要高校图书馆的持续投入和努力。高校图书馆需要不断地采集和更新数字资源，以满足用户的信息需求。需要不断地改进和创新数字服务，以提高服务的质量和效率。需要不断地更新和优化数字系统，以提高系统的性能和稳定性。同时，高校图书馆还需要在人员培训、版权保护、用户教育等方面做出努力，以保障数字图书馆的正常运行和持续发展。

第二节　高校图书馆的主要服务形式

高校图书馆对学术研究和教学活动起着重要的支持作用。高校图书馆的主要服务形式包括实体图书借阅、信息素质教育、个性化咨询服务、对研究和教学的支持等。

一、实体图书借阅服务

尽管电子资源的使用日益普及，但实体图书仍然是高校图书馆不可或缺的重要资源。实体图书不仅提供了丰富的知识信息，也给读者带来了特殊的阅读体验。面对面的借阅服务可以帮助读者更有效地找到他们需要的图书，而图书馆员的专业指导也可以使他们在大量的图书中迅速定位。

高校图书馆的联机公共查询目录（On-line Public Access Catalogue）是图书查询的主要工具。读者可以通过搜索图书的标题、作者、主题或者分类号，到所需要的图书。在找到图书后，读者可以查看图书的详细信息，包括图书的位置、状态（是否在馆）、借阅次数等。这样一来，读者在走进图书馆之前，就可以了解到自己所需图书的基本情况，节省时间和精力。图书借出是高校图书馆服务的关键环节。图书馆员在借出图书时，不仅要对读者的身份进行确认，还要根据图书馆的借阅规则，对图书的借阅期限、借阅数量等进行控制。在这个过程中，图书馆员的专业知识和服务态度，对提高读者的借阅体验有着至关重要的作用。图书归还是借阅服务的另一个重要环节。在图书归还后，图书馆员需要对图书进行检查，确认图书的状态。如果图书在借阅期间有损坏，对于轻微程度的损坏，图书馆会进行修复，而对于丢失或无法修复的图书，图书馆除了按照规定，向读者收取相应的赔偿费用外，还会尽快采购新书，以维持图书馆的馆藏数量和质量。如果图书无破损，图书馆员会在系统中完成归还操作，然后将图书放回原来的位置，以便其他读者借阅使用。

除了传统的人工借阅服务，许多图书馆还引进了自助借阅设备，提供 24 小时的借阅服务。这种设备的使用，不仅提高了借阅的效率，还节省了图书馆员的工作时间，使他们可以将更多的时间和精力投入更专业、更需要人工服务的领域，如信息咨询、学术支持等。

二、信息素质教育

信息素质是指在信息化社会中人所具有的素质，包含信息意识、信息知识与技能、信息观念、信息道德、信息心理等多方面的内容。[①]信息素质已经成为 21 世纪的核心素养之一。在这个信息爆炸的时代，信息素质教育对于培养学生的学习能力，提高他们的研究素质，甚至影响他们的未来职业发展，都有着重要的作用。信息素质教育主要涵盖以下四个方面（图 1-1）。

图 1-1　高校图书馆信息素质教育

（一）信息检索教育

信息检索教育在高等教育图书馆服务中发挥着核心作用，为学生提供了获取和筛选信息的必要技能。目标是帮助学生构建并运用有效的检索策略，进而在海量的信息中迅速定位到所需的信息。

在信息检索教育中，首先图书馆要让学生明白信息资源的种类有哪些，因为不同种类的信息资源采取不同的分类标准。图书作为传统且稳定的信息来源，其内容深度与覆盖广度是其他信息资源无法替代的；期刊则更侧重于展示学科领域内的最新研究成果和发展动态；数据库和网络资源则能提供大量的实时、快速的信息，包括新闻、社交媒体信

[①] 贺伟. 信息素质与信息检索 [M]. 北京：现代出版社，2014：24.

息、博客等。掌握和应用各种检索工具是信息检索教育的另一重要内容。图书馆的在线目录、文献数据库和网络搜索引擎等工具在信息检索中发挥着巨大的作用。学会如何有效使用这些工具，可以帮助学生更快地找到所需的信息。例如，搜索引擎的使用技巧，如布尔运算符（"AND""OR"和"NOT"）的运用，能在搜索引擎或数据库中进行更精确的搜索。对于检索方法的理解和掌握也是信息检索教育的重要内容。例如，布尔检索法，通过布尔运算法将关键词进行组合，可以对信息进行更精细、更精确的检索。主题检索法是根据特定的主题或者领域进行信息搜索，找出相关主题的所有信息。引文检索则是通过查找某篇文章所引用的其他文献，找到与该文献相关的所有信息，以此来扩大搜索的范围，提高搜索的效果。

高校图书馆为了提高学生的信息检索技能，还会定期举办信息检索的讲座和工作坊，让学生有机会实践，从而真正掌握技能。此外，图书馆还会制定信息检索的课程并布置相关作业，让学生在实际操作中提升信息检索技能。

值得强调的是，信息检索的目标不仅仅是找到信息，更重要的是找到高质量、准确、可信的信息。因此，信息评估是信息素质教育中不可或缺的一部分。学生需要学习如何评估信息的可靠性、准确性和相关性，这样才能确保他们找到的信息是有价值的。

（二）信息评价教育

信息评价教育的目的是培养学生分析和评估信息的能力，使其能够从大量的信息中筛选出有价值、可靠的信息。信息的实效性、准确性、客观性、权威性等都是评估信息质量的重要标准。

信息的时效性是信息评价的一项关键因素，它是指从信息源发送信息后经过接收、加工、传递、利用的时间间隔及其效率。时间间隔越短，使用信息越及时，使用程度越高，时效性越强。特别是在科技快速发展的今天，信息更迭的速度达到了前所未有的惊人程度，新消息时刻都在更新。因此，学生需要学习如何判断信息的时效性，才能选择最新的信息。当然，这并不意味着旧的信息就没有价值，有些旧的理论和研究可能仍然有重要的参考价值。准确性和客观性也是评估信息质量的重要标准。学生需要学习如何判断信息的真实性，是否有可靠的来源或数据支持，是否有偏见或错误。对于互联网上的信息，更需要仔细甄别，因为网络上的信息可能包含各种错误或误导性的内容。权威性是评价信息质量的另一个关键因素。学生需要了解如何识别权威的信息源，如政府网站、专业组织、知名学者等，而不是盲目相信所有的信息。

除了以上的评价标准，学生还需要掌握各种评价技巧，如来源的评价、内容的评价、形式的评价等。来源的评价主要是评估信息的来源是否可靠、权威。内容的评价则需要判断信息的准确性、完整性、相关性等。形式的评价主要是看信息的表现形式是否清晰、易读、易懂。

（三）信息利用教育

信息利用的目的不仅仅是获取信息，更重要的是有效地使用信息来解决问题和产生新知识。为此，学生需要掌握各种信息处理和信息管理的方法，同时遵守相关的伦理规则和法律法规。

学习如何处理和管理信息是信息利用教育的一个重要方面。包括了解如何分析、组织、存储和呈现信息。信息分析涉及解读和理解信息，以及根据需要从中提取关键点。信息组织包括将信息分类、排序和标记，以便于信息被快速找到和使用。信息存储则需要理解如何在电子设备或云服务中安全、有效地保存信息。信息呈现涉及使用各种方法（如图表、幻灯片或写作）来清晰、准确地传达信息。

信息利用教育的另一个重要内容是让学生理解并遵守信息伦理和法律法规。其中包括解版权法、隐私权和公正使用的规定。这是尊重信息产权、保护个人隐私和维护公平使用环境的基础。例如，当使用他人的研究成果时，学生需要了解并遵守版权法，对使用的内容进行正确引用，做到学术道德与科研诚信。

图书馆可以通过多种方式来教授信息利用教育。例如，图书馆可以举办研讨会或讲座，提供案例研究，让学生实践信息处理和管理的方法。图书馆也可以提供在线教程和工具，帮助学生理解和遵守信息伦理和法律法规。

（四）信息技术教育

信息技术教育是连接信息检索、信息评价、信息利用等环节的关键工具。其目标是让学生掌握各种信息技术，以提升其信息技术应用能力。学生需要熟悉各种信息设备，这些设备作为获取和处理信息的主要工具，对它们的使用能力直接影响学生的信息素质。例如，计算机作为最基础的信息设备，它的使用不仅包括基础的文本处理和网络浏览，还涉及数据处理、编程、网络安全等多个层面。移动设备如智能手机和平板电脑则进一步扩展了信息获取和处理的场所和方式，使学生可以随时随地地获取和使用信息。打印设备等则是信息输出的重要工具，使用它们可以将数字信息转化为实体文本，从而方便阅读和分享。

学生也需要掌握各种信息软件。软件是信息处理的主要工具，对于提高学生的信息处理能力至关重要。例如，文献管理软件可以帮助学生有效地管理和引用各种文献资料，使其在写论文或报告时能够更高效地使用这些资料。数据分析软件可以帮助学生处理和分析大量数据，从中提取有用的信息和知识。演示软件则可以帮助学生将自己的想法和研究结果以直观、吸引人的方式呈现出来。学生还需要了解和应用各种前沿的信息技术。例如，云计算技术可以让学生在任何地方、任何时间都能获取和使用大量的信息资源和计算资源。大数据技术可以帮助学生处理和分析海量的数据，找到其中的规律和趋势。人工智能技术则可以帮助学生进行复杂的数据分析和决策支持，甚至可以代替人类完成烦琐的工作。

信息技术教育的开展需要图书馆、学校和教师的共同努力。图书馆需要提供各种信息设备和软件，以及相关的使用教程和支持服务。学校需要在课程设置中充分考虑信息技术教育，以培养学生的信息技术能力。教师需要在教学中充分利用信息技术，并鼓励和指导学生使用信息技术。

三、个性化咨询服务

高校图书馆作为学术信息的核心场所，为读者提供了许多重要的服务，其中之一就是个性化咨询服务。个性化咨询服务一般由专业的图书馆员提供，他们利用自身丰富的专业知识和技能，帮助读者解答各类问题，包括但不限于文献检索、学术资源使用、信息分析等。个性化咨询服务在高校图书馆的服务体系中扮演着非常重要的角色，因为它能有效地满足读者多样化的信息需求，提高读者的学习和研究效率。个性化咨询服务最主要的特征是针对每位用户独特的信息需求提供不同的信息服务。[1]个性化咨询服务通常涵盖以下四个关键领域：

第一是文献检索。文献检索是一个核心的学术技能，而图书馆员在这方面具备丰富的专业知识和经验。他们通过个性化咨询服务，帮助读者了解并掌握有效的检索策略和技能，以便在众多的学术资源中快速准确地找到所需的信息。文献检索涉及的技能包括关键词选择、搜索引擎使用、数据库操作、结果过滤等。图书馆员通过指导读者如何选择适当的关键词、如何使用搜索引擎的高级功能、如何在数据库中进行精准检索，以及如何通过过滤和排序功能找到最相关的结果，来帮助读者提高文献检索的效率和准确度。此外，他们还会引导读者如何使用引文索引、主题词、分类号等工具，使读者进行更深入、更全面的文献检索。

---

[1] 张鹏，宁柠，姜淑霞，等 . 图书馆信息化建设理论与档案管理实践 [M]. 长春：吉林人民出版社， 2020：67.

第二是学术资源的使用。面对海量的学术资源，如何有效地利用这些资源进行学习和研究，也是一个挑战。图书馆员通过个性化咨询服务，帮助读者了解和熟悉各种资源的特点和使用方式，使他们能够充分利用图书馆的资源。这些资源包括实体图书、电子书、期刊、数据库、电子资源等。每种资源都有其独特的特点和使用方式。比如，实体图书和电子书在内容上可能没有太大差异，但在使用方式上就有很大的不同了。电子书可以进行全文搜索，可以随时随地访问，但需要读者适应电子阅读的方式；而实体图书虽需要到图书馆现场借阅，却可以提供不同于电子阅读的阅读体验。对于期刊和数据库，则需要了解它们的索引结构，学习如何进行精准检索和高级检索。图书馆员会根据读者的需求和背景，提供个性化的指导。比如，对于初次使用数据库的读者，图书馆员会从基础的操作开始指导，例如如何登录数据库、如何进行简单的检索、如何下载和导出文献等；而对于已经有一定使用经验的读者，图书馆员则会提供更高级的指导，例如如何进行高级检索、如何使用引文分析工具，如何利用数据库进行学术研究等。

第三是信息分析。在信息爆炸的今天，信息分析成为一个至关重要的技能。高校图书馆的个性化咨询服务在这方面起着关键的作用，它能帮助读者提高信息分析和评价的能力，可以有效地支持他们的学习和研究，使他们能从大量的信息中提炼出有价值的内容。信息分析涵盖多个关键步骤。首先，在收集信息的过程中，读者需要识别并定义自己的信息需求，确定最佳的信息源，并进行有效的信息检索。其次，在获取信息后，读者需要对信息进行评价，以确定其质量和可靠性。最后，读者需要将收集的信息组织起来，以便进一步的分析和使用。图书馆员在这个过程中提供了重要的帮助。他们帮助读者明确信息需求，指导读者选择和使用恰当的检索工具和策略，还会教授读者如何评价信息，包括查看信息源的信誉度、考虑信息的时效性和相关性、分析信息的目的和偏见等。在信息组织方面，图书馆员会指导读者使用各种工具和技术，如参考管理工具、数据可视化工具等。信息分析的重要性不仅体现在学术研究中，也体现在日常生活中。通过信息分析，读者可以提高信息素养，做出更明智的决策，提高工作和学习效率。因此，图书馆员在个性化咨询服务中，也会引导读者理解和应用信息分析在日常生活中的价值。

第四是学术伦理和学术写作。学术伦理涵盖诸多方面，包括但不限于诚实、公正、尊重原创性、保护知识产权等。图书馆员可以通过个性化咨询服务，为读者提供关于学术伦理的知识和指导，帮助他们理解并遵守学术规范。具体来说，图书馆员会指导读者如何正确引用他人的著作、如何避免剽窃，以及如何在合作研究中公平地分配工作和署名权等。他们也会介绍有关数据管理和开放获取的最新趋势和政策，以帮助读者更好地参与到学术交流中。在学术写作方面，图书馆员可以提供写作资源和工具，如写作指南、引文格式、写作软件等。他们还可以提供写作咨询服务，帮助读者改进写作风格和技巧，提高写作质量。此外，图书馆员还会与其他部门合作，如写作中心、学术顾问等，以提供更全面的写作支持。

四、对研究和教学的支持

高校图书馆不仅是高校内的知识信息中心，更是提供多元化服务的学术平台。尤其是对于研究与教学的支持，图书馆的职能可分为提供信息资源、优化信息获取、研究工具和教学辅助服务等多个方面（图1-2）。

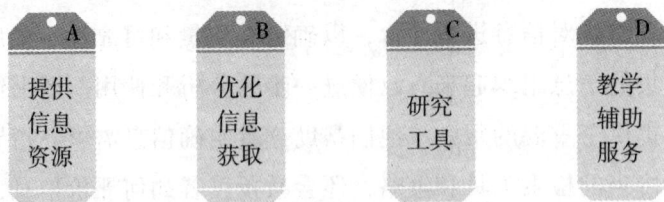

A	B	C	D
提供信息资源	优化信息获取	研究工具	教学辅助服务

图1-2　高校图书馆对研究与教学的支持

（一）提供信息资源

提供信息资源是高校图书馆对研究与教学的核心支持之一。在高校教育中，教师和学生的教学、学习和研究工作需要依赖大量的信息资源。这些信息资源既包括传统的图书、期刊，也包括现代化的电子资源，如电子书、电子期刊、数据库等。

高校图书馆信息资源的收集、整理、保存和提供是其最基本的工作。图书馆的收藏越全面、越丰富，就越能满足用户的需求。对于图书馆的藏书，不仅要有广度，还要有深度。广度指的是图书馆应收藏各个学科的书籍，以满足各类用户的需求；深度则指的是图书馆应收藏每个学科的经典文献，包括重要的著作、论文、报告、专利和标准等。对于电子资源，它们不仅能让用户随时随地获取信息，还可以快速查找和筛选信息，从而极大地提高了信息获取的效率。而且，电子资源的形式多样，包括电子书、电子期刊、电子报告、电子论文、电子专利、电子标准、数据库等。这些资源为教师的教学和学生的学习提供了更为丰富和便捷的选择。

除了提供这些传统和现代化的资源外，高校图书馆还要积极开发和利用各种新型的信息资源。例如，图书馆可以通过收集和整理网络资源，为用户提供网页、论坛、博客、微博、微信、视频等网络信息资源。此外，图书馆还可以开发和提供数据资源，如学术数据、社会数据、政府数据等。在提供这些信息资源的同时，图书馆需要做好信息资源的管理工作，确保资源的质量和使用效率。包括对资源的分类、编目、索引、存储和检索等工作。图书馆还需要定期进行资源的评估和淘汰，确保资源的时效性和有效性。为了更好地提供和管理信息资源，图书馆需要利用信息技术和网络技术。例如，图书馆可以建立和优化自己的网站，为用户提供在线查询、预约、续借和文献传递等服务；可以建立和运用自动化的库房管理系统，提高藏书的管理效率；可以使用数字化和网络化的技术，进行资源的数字化、网络化和智能化的处理和服务。

（二）优化信息获取

优化信息获取是高校图书馆支持研究与教学的又一重要手段，可以说，良好的信息获取体验是用户使用图书馆服务的基础和前提。

1. 图书馆网站优化

图书馆网站是用户获取图书馆信息和资源的主要渠道。优秀的图书馆网站不仅要提供丰富的信息资源，还要有良好的用户体验。优化图书馆网站，涵盖网站的设计、导航、搜索功能、用户交互等方面。具体来说，图书馆网站的设计需要清晰、简洁，以便用户快速找到所需信息。导航栏要设置得合理，方便用户在不同模块之间切换。搜索功能要准确、快速，能让用户方便地找到所需资源。用户交互要简便、友好，以便用户轻松使用网站。

2. 在线服务优化

高校图书馆通过提供在线查询、预约、续借、文献传递等服务，使用户可以不受时空限制随时随地地获取和使用图书馆资源。这不仅方便了用户，还节省了用户的时间，提高了效率。对于在线服务，图书馆需要不断优化，使服务更加便捷、高效。例如，对于在线查询，图书馆可以提供多种查询方式，如关键词查询、主题查询、作者查询等，以满足用户的不同需求。对于在线预约和续借，图书馆可以通过简化操作步骤，缩短处理时间，来提高服务效率。对于文献传递，图书馆可以提供电子形式的传递，让用户可以随时随地获取所需文献。

3. 个性化服务优化

为了更好地满足用户的个性化需求，高校图书馆可以提供个性化的信息获取服务。例如，图书馆可以通过用户行为分析，了解用户的信息需求和使用习惯，然后提供个性化的信息推荐服务。此外，图书馆还可以提供个性化的学习指导服务，如信息素养教育、研究方法指导等，帮助用户提高信息获取和使用的能力。

（三）研究工具

为了支持学者和学生的研究，高校图书馆提供了各种研究工具，如引文管理工具、研究数据管理工具、学术评价工具等，从而帮助研究者和学生提升研究效率和研究质量。

引文管理工具可以帮助用户有效整理和管理文献引文，提高研究效率，如 EndNote、Zotero、Mendeley 等，这类工具能够让用户方便地进行收集、整理、引用和分享文献引文，进而减轻研究者在文献管理过程中的负担，为其节省大量的时间和精力。另外，这类工具还支持多种引文格式，能够满足不同学科、不同出版社和不同期刊的格式要求，进一步提高了文献管理的效率。研究数据管理工具能够帮助用户有效地管理和利用研究数据，其可以用来进行数据清洗、分析、可视化等操作，使研究者能更好地理解和解读数据，从而得出更准确的研究结果。高校图书馆还提供了一系列的学术评价工具，如 Web of Science、Scopus、Google Scholar 等，这些工具可以帮助研究者跟踪自己的论文被引用的情况，以及评价和比较各种学术成果的影响力。这对于研究者了解自己的学术影响力、评估不同的学术成果的价值具有极大的帮助。图书馆也提供了一系列的协作工具，如 Google Docs、Microsoft Teams、Slack 等，这些工具可以帮助研究团队在进行研究工作时进行高效的协作和沟通。

以上这些只是高校图书馆提供的一部分研究工具，实际上，根据不同学科、不同研究需求，图书馆还会提供更多的专门工具。无论是哪种工具，其目的都是提高研究者和学生的研究效率与研究质量，从而更好地为学术研究和教学提供支持。

（四）教学辅助服务

在教学辅助服务方面，高校图书馆为读者提供了教学资源、教学空间和教学技术支持等服务。

1.提供教学资源

在学术研究与教学环境中，教学资源起着至关重要的作用，它们为教师制定课程内容、教学计划提供了基础，并且为学生提供学习、扩展知识、进行研究的重要材料。因此，高校图书馆在为教学活动提供支持中起着不可替代的角色。特别是在整理、筛选和推荐优质教学资源方面，高校图书馆展现了其重要的作用。

在课程参考书籍方面，高校图书馆不仅收藏了大量的教科书和参考书，并且对这些资源进行了严格的分类和整理，使教师和学生可以方便快捷地找到所需的资源。同时，图书馆还会定期购入最新的教科书和参考书，保证教师和学生能够接触到最新的知识和信息。在教育期刊和学术论文方面，图书馆订阅了大量的国内外教育期刊和学术数据库，这些资源为教师提供了大量的研究成果和案例，有助于他们了解最新的研究动态，改进教学方法。此外，图书馆还整理了大量的学术论文，这些论文为学生提供了丰富的学习材料，有助于他们开拓视野，提升研究能力。

专业数据库是高校图书馆的另一个重要资源。高校图书馆为读者提供了各种专业数据库的访问服务，包括科技、人文社科、艺术等各个领域。这些数据库收录了大量的图书、期刊、论文、报告、专利、标准等信息资源，为教师和学生的教学与研究提供了强大的信息支持。图书馆还会定期组织教育资源展示活动，比如新书推介、专题讲座、学术研讨等，通过这些活动，让教师和学生更好地了解和利用图书馆的资源。这些活动往往针对特定的主题或者学科，有助于激发教师和学生的学习兴趣，提高他们利用图书馆资源的能力。在远程访问服务方面，随着网络技术的发展，图书馆提供了电子资源的远程访问服务，让教师和学生可以随时随地获取所需的教学资源。极大地方便了教师和学生，使他们不受时间和地点的限制，可以更加灵活地进行学习和研究。

2.提供教学空间

为适应信息时代的学习和教学模式，图书馆的空间设计和功能定位已经发生了显著变化。除了传统的阅览室和书库外，现代高校图书馆也在逐渐增设各种特色空间，以满足教师和学生的多元化需求。

自学室和研讨室是满足学生自主学习和小组讨论需求的重要空间。这些空间设计灵活，既可以提供一个安静的环境让学生专注于自己的学习，也可以让学生自由地开展小组讨论和合作学习。通过提供舒适的座椅、充足的电源插座和稳定的网络连接，图书馆为学生创造了一个良好的学习环境，使他们可以更有效地利用自己的学习时间。创新空间是现代高校图书馆的新型服务空间，这些空间通常配备有各种创新工具和设备，如3D打印机、虚拟现实设备等，为教师和学生提供了一个用于实践、创新与合作的平台。此外，一些图书馆还根据教学需求为读者提供特别设计的空间，如静音室、多媒体教室等，为教师和学生提供了更多元化的学习和教学可能。

3.提供教学技术支持

在教学技术支持方面，高校图书馆的角色也不容忽视。高校图书馆不仅仅是信息资源的提供者，还是教学技术的推动者。

图书馆通过提供多媒体设备、互动白板、在线教学平台等教学工具，让教师可以运用最新的教学技术进行教学。这些工具使教学活动变得更加灵活和多元，可以提高教学的效率和质量。图书馆还为教师提供了教学技术培训和咨询服务，帮助他们提高教学技术的使用能力。通过这些服务，教师可以更好地掌握各种教学工具的使用方法，以更好地进行教学活动。图书馆还积极与教师合作，探索新的教学方法和技术。通过这些合作，图书馆不仅可以提供更好的教学支持，还可以推动教学方法和技术的发展，从而更好地满足学生的学习需求。

第三节 高校图书馆的职能

图书馆的职能是指图书馆在人类社会中所承担的功能和所起的作用。[①]高校图书馆的职能可以分为基本职能和社会职能。

一、基本职能

（一）信息文献资料的保存和收集

在现代化的学术环境中，高校图书馆承担着获取、保存、管理和传播知识与信息的重要角色。这些信息文献资料包括各类书籍、学术期刊、报纸、音像资料、电子资源等。

保存与收集信息文献资料的目的在于构建和完善图书馆的藏书体系，满足广大师生的学术研究与教学需求。图书馆需要依据高校的教学与研究特点，有针对性地进行信息文献资料的收集。例如，工科类高校的图书馆可能需要大量的科技文献，而艺术学院的图书馆可能会更多地收集艺术类资料。图书馆还需要根据师生的需求进行动态调整，收集最新的学术成果和信息资料。信息文献资料的保存是高校图书馆的另一项重要职责。图书馆要为资料提供适宜的环境，以确保其保存的长久性和可用性。对于纸质书籍，图书馆需要进行定期的维护与清洁，防止湿度、温度、虫害等对书籍造成损害。对于电子资源，图书馆需要构建可靠的存储系统，可以对数据进行备份和恢复，以防数据丢失。

为了更好地完成这些工作，图书馆需要具备专业的图书馆学知识，掌握信息收集与保存的理论与实践技能。图书馆员需要进行相关的培训

---

① 黄娜. 高校图书馆与学科建设 [M]. 长春：吉林人民出版社，2019：4.

和学习，提升自身的专业素养。图书馆还需要与出版社、数据库供应商、书商等建立良好的合作关系，以便获取所需的信息资源。

（二）信息资源的组织和处理

信息资源的组织和处理包括对收集的信息资源进行目录编制、分类、索引等处理。目的是使用户能够有效地查找和使用这些资源。为了做好信息资源的组织和处理，高校图书馆需要构建一套完整的分类和检索系统。这个系统包括各类书籍的分类号、主题词、关键词等信息，使用户可以根据不同的检索方式寻找到所需的信息资源。对于电子资源，图书馆需要建立电子目录，进行元数据的建设，以便于网络环境下的信息检索。

信息资源的组织和处理需要精准且专业，这对图书馆员的专业素养提出了更高的要求。图书馆员需要具备深厚的图书馆学和信息科学知识，掌握分类学、目录学、检索学等专业理论和技能，可以对信息资源进行精确的组织和处理。

在进行信息资源的组织和处理时，图书馆还需要重视用户的需求和使用习惯。例如，图书馆可以提供多种检索方式，包括关键词检索、分类号检索、主题词检索等，以满足不同用户的检索习惯。图书馆还可以通过用户教育，指导用户如何有效地使用图书馆的分类和检索系统，来提高用户的信息检索能力。

二、社会职能

高校图书馆的社会职能主要包括教育职能、服务职能、文化传播职能和休闲职能。

（一）教育职能

高校图书馆的教育职能是多元化的，涉及为学生和教师提供教育资源、培养信息素养、推动创新教学方法、提供终身学习的机会等。这些职能使图书馆在高等教育中扮演着不可或缺的角色，对于提高教学质量、培养高素质人才，以及推动社会的知识进步和文化发展都有着重要的作用。

高校图书馆为学生和教师提供了丰富的学习资源和专业的信息服务，支持高校的教学和研究活动。作为知识的宝库，图书馆收藏了大量的图书、期刊、报纸、电子资源等，涵盖了各个学科的知识领域。这些资源不仅对学生的学习有所帮助，对教师的教学和研究也提供了重要的支持。图书馆通过各种教育活动，如讲座、研讨会、读书俱乐部等，帮助学生提升信息素养和批判性思维能力。在这些活动中，学生可以学习如何有效地获取、评价和使用信息，如何开展独立研究，如何进行批判性思考等。这些技能对于学生的学术发展和未来的职业生涯都是至关重要的。图书馆还通过推动创新教学方法，如项目式学习、翻转课堂等，帮助改进高校的教学。图书馆提供的各种学习空间和技术设备，如研讨室、多媒体设备等，可以为这些创新教学方法提供支持。通过这些方法，学生可以更加主动地参与学习，更深入地理解和掌握知识。图书馆是终身学习的重要场所，为所有的用户提供学习的机会和资源。无论用户是在校学生、教师，还是社区成员，都可以利用图书馆的资源进行自我教育和自我提升。图书馆通过提供开放的学习环境、丰富的学习资源、个性化的学习服务，以及各种学习活动，支持和促进用户的终身学习。

（二）服务职能

高校图书馆的服务职能是对读者的全方位服务，其目标是满足读者的各类需求，提升读者的学习体验，帮助读者实现其学习和研究目标。这种服务需要图书馆员具备专业的图书馆学知识，掌握各种用户服务的技能，热爱服务工作，尊重每一位读者。高校图书馆的服务职能是其对社会的重要贡献，也是图书馆价值的重要体现。

　　高校图书馆通过提供各类图书、期刊、数据库和其他电子资源，满足读者的学习和研究需要。这些资源不仅覆盖各个学科领域，而且包括各类形式，如纸质书籍、电子书、音频、视频等。读者可以在图书馆内阅读这些资源，也可以通过图书馆的网络服务在任何地点获取这些资源。在创建舒适的学习环境方面，高校图书馆通过提供各类阅览空间，如个人学习区、小组讨论区、安静阅览区等，以满足不同读者的学习需求。图书馆还提供各种设备，如电脑、打印机、扫描仪、多媒体设备等，以便读者使用。图书馆不断优化其物理环境和设施，以提升读者的学习体验。在用户服务方面，高校图书馆提供各类服务，以满足读者的不同需求。参考咨询服务是图书馆的核心服务之一，图书馆员通过这种服务，帮助读者找到所需要的信息，解答读者的各类问题。个性化服务包括为特定的用户群体提供的服务，如为视障人士提供的无障碍阅读服务，为外语学习者提供的语言学习资源等。远程服务则使读者可以在任何地点，无论图书馆是否开放，都可以获取图书馆的服务和资源。高校图书馆的服务职能还包括培养读者的信息素养。通过举办各类培训活动，如信息检索培训、文献管理软件培训等，图书馆可以帮助读者提升信息检索和利用的能力。这不仅使读者能够更有效地使用图书馆的资源，而且对读者的学习和研究有所帮助。

（三）文化传播职能

　　高校图书馆的文化传播职能是多元化的，涵盖为社区提供文化资源、宣传和推广文化价值观、举办文化活动以及激发公众对文化的兴趣和理解等。这些职能使图书馆成为文化的中心，对于传播文化、提高公众的文化素养，以及塑造文化多元、包容的社会都发挥着重要的作用。

　　高校图书馆收藏了丰富的文化资源，包括图书、期刊、电子资源、艺术品等，这些资源反映了人类的知识、历史、艺术和文化。图书馆通过向公众提供这些资源，使公众能够接触到各种文化，并从中获取知识和启示。高校图书馆是文化价值观的宣传和推广的重要场所。图书馆通过其资源、服务和活动，推广文化多元性、尊重知识产权、支持自由访问信息等价值观。这些价值观对于塑造公正、开放、包容的社会至关重要的。高校图书馆可以通过举办各种文化活动，如讲座、展览、电影放映、文化节等，传播文化、艺术和历史知识，来提高公众的文化素养。这些活动不仅使公众了解和欣赏文化，而且有助于激发公众的创新思维和批判性思考。高校图书馆通过其环境、服务和活动，激发公众对文化的兴趣和理解。图书馆的环境是公众探索文化、享受文化和思考文化的理想场所。图书馆的服务和活动使公众能够接触到不同的文化，理解和欣赏文化的价值。

（四）休闲职能

高校图书馆的休闲职能是其对读者全面服务的重要组成部分。通过提供休闲阅读材料、休闲空间、休闲活动以及娱乐和学习工具，图书馆可以为读者创造一个舒适、宁静、多元的休闲环境，让他们在紧张的学习和工作之余得到放松。这种休闲职能不仅提高了图书馆的使用率，还丰富了读者的精神生活，对提高社会文化素质起到了积极的作用。

高校图书馆的休闲职能首先体现在提供大量的休闲阅读材料上。除了学术资料之外，图书馆还提供各类文学作品、通俗小说、漫画、杂志等休闲阅读材料，以满足读者多元化的阅读需求。这些休闲阅读材料不仅可以给读者带来愉悦的阅读体验，还能在一定程度上提升读者的人文素养和审美观。高校图书馆还为读者提供了休闲的空间。图书馆的阅读室、讨论室、休息区等，都是读者可以放松心情、静心阅读的地方。这些空间一般设计得既安静又舒适，不仅能让读者专心阅读，还可以让他们在阅读之余放松身心，缓解学习或工作带来的压力。图书馆还通过举办各种休闲活动，如读书俱乐部、主题讲座、电影夜等，增强读者的参与感，丰富他们的休闲生活。这些活动不仅能让读者在学习和工作之余找到乐趣，还可以让他们与其他读者进行交流，拓宽视野，丰富人文经验。图书馆还为用户提供了多样化的娱乐和学习工具。许多图书馆都配备了电脑、平板电脑、电子书阅读器等设备，供读者阅读电子书籍、观看电影、听音乐等。这些设备不仅满足了读者的信息需求，还丰富了他们的休闲方式。

第四节　高校图书馆的社会责任

一、高校图书馆社会责任的内涵及重要性

高校图书馆处于知识和信息的中心，不仅服务于高校内部的学习、教学和研究，更要关注其对于更广泛社会的影响和作用。

（一）高校图书馆社会责任的内涵

高校图书馆社会责任的内涵广泛且深远，主要包括公开公平的信息服务、知识普及、科学发展以及公民责任的培育等多个方面。

高校图书馆作为知识和信息的中心，承担着提供公开公平的信息服务的责任。这意味着图书馆的各项服务和资源，如图书、期刊、数据库、电子资源等，不仅需要向校内的师生开放，也应当尽可能地向更广大的社会开放。无论是学生、教师，还是普通公民，都应该能够在图书馆中找到所需的信息，以满足自己的学习和研究需求。而知识的普及和科学的发展也是高校图书馆社会责任的重要内涵之一。图书馆中收藏的知识和信息不仅仅是供人们获取的对象，更是需要通过图书馆的努力去传播和推广的。图书馆可以通过举办各类讲座、研讨会、展览等活动，将知识和信息带给更多的人。同时，图书馆也可以通过开展各种科普活动，帮助公众提高科学素养，推动科学的普及和发展。

高校图书馆除了承担间接的社会责任外，还必须承担直接的社会责任，增加服务功能，为解决社会问题尽责。[①]高校图书馆不仅是信息和知识的提供者，也是社区的核心组成部分。图书馆可以通过各种公共活动，提供一个让公众参与社会议题讨论的平台，帮助人们理解和实践社会公民责任。这些活动既可以包括讨论当下的社会问题，也可以是关于环保、人权、公平正义等更宏大主题的探讨。作为学术机构，高校图书馆有义务推动学术道德和学术诚信的实践。图书馆可以通过教育和指导，帮助学生和研究者理解并遵守学术道德和学术诚信的规定，从而保证学术活动的公正公开。在可持续发展方面，高校图书馆也有其独特的责任。作为大规模的资源使用者，图书馆应该努力实现资源的有效利用，减少对环境的影响。这可能涉及绿色图书馆的建设、电子资源的优先使用，以及废弃物的回收再利用等多个方面。

（二）高校图书馆社会责任的重要性

高校图书馆社会责任的重要性体现在其多方面的作用中，包括服务社会、提升公众认知、促进自身可持续发展等。

从服务社会的角度来看，高校图书馆是知识与信息的宝库，其丰富的资源和专业的服务不仅满足了学校内部的学习、教学和研究需求，更有力量对社会产生积极影响。高校图书馆的开放性和包容性使其成为社会各类信息需求者的重要去处。通过提供公开公平的信息服务，高校图书馆赋能社会公众，支持其个人发展、学术研究、职业进步等，这对于社会的知识普及、文化传播以及技术创新等方面都有深远的推动力。

通过实践社会责任，高校图书馆可以提高公众对其的认知和信任度，提升图书馆的社会影响力。在信息爆炸的时代，图书馆并不仅是传统意义上的书籍借阅和文献检索的地方，它还扮演着知识中心、学

① 李鹤松.高校图书馆社会责任概念及内容探析[J].知识经济，2011(10)：55-56.

习空间、社区中心等多重角色。公众对图书馆的认知和信任度将影响图书馆在社会中的地位和作用。通过承担社会责任，图书馆可以打破公众对其的传统认知，展现其在现代社会中的新角色，提升其影响力和声誉。

高校图书馆实践社会责任也有助于其自身的发展。以可持续发展为例，图书馆作为大量资源的使用者和管理者，其对环保和可持续性的关注不仅是对社会责任的回应，也有利于自身的长远发展。通过绿色图书馆的建设、资源的节约使用、废弃物的回收利用等方式，图书馆能够降低运营成本，提高服务效率，同时为环保理念的推广做出示范。高校图书馆在承担社会责任过程中，还可以培育和提升图书馆工作人员的职业素养。图书馆工作人员在参与和推动图书馆实践社会责任的过程中，可以提高自己的专业技能，增强社会责任感，对图书馆事业产生更深厚的认同感，这对于提升图书馆的服务质量、优化图书馆管理、推动图书馆发展都有积极的推动作用。

二、在社区服务中的作用

高校图书馆不仅能够在物质层面为社区提供丰富的资源和服务，而且能够在精神层面满足社区成员的学习、交流、娱乐等多元化需求。开展社区服务是一项长期性、艰巨性的工作，需要在保障校内教学科研服务工作的基础上，深入开展调查研究，制订具体的实施方案，保证社区工作落实到实处。[①] 高校图书馆在社区服务中的作用主要体现在以下五个方面（图1-3）。

---

① 王梅，冯敏.探析高校图书馆的社区服务工作 ——以四川师范大学图书馆为例 [J].传媒论坛，2020(2)：128-129.

为社区提供信息服务

为社区提供学习空间

为社区提供公共活动平台

为社区提供科技推广服务

为社区提供职业生涯规划服务

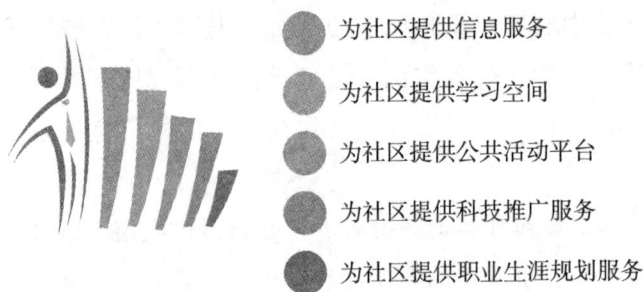

图1-3　高校图书馆在社区服务中的作用

（一）为社区提供信息服务

社区中的各类成员——教师、学生、研究员、行政人员、访问学者，甚至社区外部的公众，每个人都可能成为信息需求者。他们的需求千变万化，包含学术研究、教学、学习、行政决策等各个领域。而作为社区内部知识和信息的中心，高校图书馆的使命就是满足他们的需求，为其提供所需要的信息服务。

信息服务的提供形式非常多样。最直观的，便是图书、期刊等文献资源的提供。图书馆收藏着大量的书籍、期刊，这些文献资源涵盖了各个学科领域，无论是社会科学还是自然科学，无论是人文学科还是理工学科，都有相应的资源支持。这种丰富的文献资源，是社区成员进行教学和研究的重要基础。除了实体的文献资源外，随着信息技术的发展，图书馆还提供了大量的电子资源。这些电子资源包括电子图书、电子期刊、数据库等，用户可以通过图书馆的网站在线访问这些资源，无论何时何地，只要有网络，他们都可以得到所需要的信息。这种便捷的信息获取方式，极大地提高了信息服务的效率，满足了用户的即时信息需求。对于特定的、复杂的信息需求，图书馆的专业馆员提供了信息咨询服务。他们可以帮助用户制定检索策略、使用复杂的检索工具、解读复杂的检索结果，甚至帮助用户获取难以找到的信息资源。这种服务非常专业，需要图书管理员具备丰富的信息知识、良好的沟通技巧和敬业的服务精神。

高校图书馆信息服务的提供并不是一个简单的传递过程，而是一个复杂的信息流动过程，它需要图书馆对信息进行收集、整理、储存、检索、传递等多个环节的处理。而且，这个过程并不是一成不变的，随着社区的变化、用户需求的变化、信息技术的变化，图书馆需要不断调整信息服务的提供方式和内容，以适应新的情况。在这个过程中，图书馆的信息检索系统起着关键的作用。一个好的信息检索系统，不仅可以高效地存储和检索信息，还能以用户友好的方式呈现信息，帮助用户找到所需要的信息。因此，图书馆需要不断地投入资金和人力，构建和维护高效的信息检索系统，提升信息服务的效能。

（二）为社区提供学习空间

高校图书馆的学习空间不仅是学习资源的提供者，更是精神绿洲、创新沙龙。学习空间的设计和配置，从静谧的个人学习区到活跃的团队学习区，从设备齐全的多媒体学习区到开放的创新空间，每一处都充满了对学习、研究和创新的尊重和鼓励。

独立学习区通常很安静，并配备了足够的照明和舒适的桌椅，是社区成员进行自我学习和研究的理想场所。在这里，人们可以专心阅读，全神贯注地投入自己的学术研究中。宁静、舒适的环境，有助于提高学习者的注意力和学习效率。团队学习区是适合小组讨论和协作学习的地方。这里通常设有大桌子和可移动的椅子，方便团队成员进行面对面的交流和讨论。团队学习区的设置，鼓励社区成员进行协作学习，通过交流和讨论，提高学习效率，提升团队的协作能力。多媒体学习区是配备有电脑、打印机、扫描仪等设备的学习空间。在这里，用户可以使用电脑进行在线学习，使用打印机打印学习资料，使用扫描仪扫描文档等。多媒体学习区为社区成员提供了便利的学习工具，能满足其多元化的学习需求。

高校图书馆的学习空间还有很多其他的功能。例如，图书馆可能会设有阅读室、报告厅、展览厅等，用于举办讲座、报告会、展览等活动。这些活动能够增进社区成员的知识，开阔他们的视野，提高他们的文化素养。可以说，高校图书馆的学习空间是社区知识创新的重要场所。它提供了良好的学习环境、丰富的学习资源、方便的学习工具，满足了社区成员的各种学习需求。这对于提高社区成员的学习效率，促进社区的知识创新具有重要的作用。

（三）为社区提供公共活动平台

高校图书馆作为学术和文化的重要中心，提供了丰富的公共活动，这些活动是图书馆服务的重要组成部分，具有多方面的意义。

1. 丰富社区生活

通过举办各种公共活动，高校图书馆丰富了社区的精神文化生活，使社区成员的生活更加多元化。例如，讲座和研讨会可以帮助社区成员了解新的学术发展和社会动态，提高他们的知识水平；展览可以让社区成员接触到各种艺术和文化，开阔他们的视野；读书会则可以让社区成员共享阅读的乐趣，提升他们的阅读素养。这些活动使图书馆成为社区成员学习、休闲和社交的重要场所。

2. 传播知识

高校图书馆的公共活动是社区知识传播的重要渠道。通过讲座、研讨会等活动，图书馆可以将学术前沿、社会热点、文化历史等多种知识传播给社区成员，使他们能够及时了解和理解这些知识。这对于提高社区成员的知识素养，推动社区的知识创新具有重要的作用。

3. 促进交流

高校图书馆的公共活动为社区成员提供了交流的平台。在这里，社区成员可以分享他们的知识和想法，互相学习，互相启发。这种交流不仅有利于知识的传播和创新，而且有利于增进社区成员之间的理解和友谊，促进社区的和谐和团结。

4.形塑社区文化

高校图书馆的公共活动是塑造和传播社区文化的重要方式。每一次活动都是社区文化的体现和传播，它们可以展示社区的精神风貌，传播社区的价值观和理念。这对于塑造健康积极的社区文化，提升社区的文化素质具有重要的作用。

5.服务社区发展

高校图书馆的公共活动还可以服务社区的发展。例如，图书馆可以通过举办就业讲座、技能培训等活动，帮助社区成员提升职业技能，提高就业竞争力。通过举办科技讲座、科普展览等活动，图书馆可以推广科学知识，提高社区的科技素质，支持社区的科技发展。

（四）为社区提供科技推广服务

高校图书馆充分利用丰富的科技信息资源和专业的服务能力，积极开展各种科技推广活动，让科技知识深入社区，推动社区的科技发展。科普讲座是高校图书馆科技推广活动的重要形式。图书馆定期邀请科学家、教师或研究者，为社区成员提供最新的科技知识讲座。这些讲座涵盖各个科技领域，包括但不限于生物科学、物理学、工程技术、医学健康等。这些讲座使社区成员可以及时了解科技领域的最新发展，从而提高他们的科技素养。科技展览也是图书馆科技推广的重要手段。图书馆会定期举办各种科技展览，展示各种科技成果、科技设备、科技过程等。这些展览使社区成员可以直观地感受到科技的魅力，了解科技的发展历程，提高他们的科技兴趣。科技创新竞赛则是高校图书馆培养社区成员科技创新精神的有效方式。图书馆会定期举办各种科技创新竞赛，鼓励社区成员积极参与，挖掘他们的创新潜力，激发他们的创新精神。这些竞赛对于培养社区成员的科技创新能力，推动社区的科技发展具有重要的作用。

高校图书馆还通过科技咨询服务，帮助社区成员解决科技问题。图书馆的专业管理人员会根据社区成员的需求，提供针对性的科技咨询服务。他们会帮助社区成员查找科技信息，解答科技问题，指导他们进行科技创新。这种服务对于解决社区成员的科技困扰，支持他们进行科技创新具有重要的意义。

（五）为社区提供职业生涯规划服务

高校图书馆作为知识与信息的集散地，不仅仅局限于提供学术研究的服务，应该更进一步拓展其服务的领域，通过提供职业生涯规划服务，积极参与到社区成员的职业发展与生涯规划过程中。

高校图书馆是一个提供丰富职业发展资料的地方。其中，包含各行各业的行业报告、就业指南、职业介绍、职业技能学习材料等，这些资源对于社区成员了解职业市场动态、行业趋势和职业要求有着极大的帮助。这样的信息资源丰富性，使社区成员在进行职业选择或职业转变时，可以找到更为深入和全面的参考，让他们的职业规划更加清晰明确。高校图书馆还提供专门的职业咨询服务。一些图书馆会邀请职业顾问或行业内的专家，为社区成员提供一对一或小组形式的咨询服务。这些专业的咨询人员通过与社区成员的交谈，了解他们的兴趣、能力和期望，帮助他们制定合理的职业规划，为他们的职业发展提供指导。生涯规划讲座也是高校图书馆重要的服务形式之一。图书馆会定期举办各种主题的生涯规划讲座，比如如何选择职业？如何规划职业生涯？如何提高职业竞争力？这些讲座可以帮助社区成员了解职业规划的重要性，掌握职业规划的基本方法，提高他们的职业素养。

三、在文化传播方面的作用

高校图书馆是专门收藏及保护各种文化资料的场所，对于文化的传承和弘扬具有举足轻重的作用。[①] 作为一个集结知识与信息、涵盖多元文化资源的场所，高校图书馆是文化传播的重要载体，展示了多样的文化视角和声音，塑造了一个充满活力的文化交流空间。

高校图书馆中丰富的图书和其他媒体资源汇聚了全球各地的文化精粹，从各类经典著作、历史文献、艺术作品，到科学探索、哲学思考、社会研究等各个领域，呈现了人类文化智慧的多元面貌。这些资源使图书馆成为文化传播的重要阵地，其中不仅有传统的文化瑰宝，还有现代社会的新鲜事物，这使社区成员可以在图书馆中接触到世界各地的文化，增强对多元文化的理解和包容。高校图书馆通过举办各类文化活动，如主题展览、学术讲座、文化节日活动、读书会等，加强了图书馆与社区成员的互动，提供了文化交流和学习的平台。这些活动涵盖历史、艺术、科学、哲学等多个领域，有的深入浅出地解读知识，有的分享个人经验，有的讨论社会热点，旨在引导社区成员拓宽知识视野，深化对各类文化的理解，激发他们的创新思考。

高校图书馆还在社区中发挥了重要的文化教育角色。对于社区其他成员，图书馆也会提供各类教育服务，如成人教育、老年教育、继续教育等，帮助他们终身学习，提升他们的文化素质和社会适应能力。高校图书馆还承担着文化保护和传承的责任。图书馆收藏和保存了大量的历史文献、古籍、民间艺术等文化遗产，这些资源是人类历史文化的宝贵财富，对于历史研究和文化传承有着重要价值。图书馆通过对这些资源的保护和开放，使社区成员能够了解和学习到本地区或者人类的历史文化，增强了他们的文化认同感和自豪感。

---

① 甲勇.高校图书馆传播优秀传统文化路径分析 [J].办公室业务，2019(9)：150.

四、在环保、可持续发展等领域的社会责任

高校图书馆在履行环保社会责任上，既要推广环保知识，提高公众的环保意识，也要实现自身的绿色运营，用实际行动践行环保理念。这样一来，高校图书馆才能真正在环保和可持续发展方面发挥其作用，实现其社会责任。高校图书馆在环保、可持续发展等领域的社会责任主要包括以下四个方面（图1-4）。

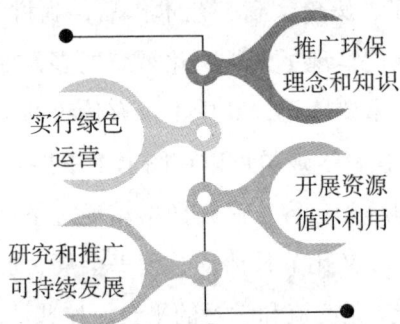

图1-4　高校图书馆在环保、可持续发展等领域的作用

（一）推广环保理念和知识

高校图书馆在社会责任的履行上，具有推广环保理念和知识的责任。图书馆以其深厚的知识储备，可以将环保的重要性、全球环境问题以及解决问题的各种方法等信息传递给公众，增强人们对环保问题的认识，使他们明白保护环境的重要性。

一方面，图书馆有责任收集和整理现有的与环保和可持续发展相关的信息资源。包括各类书籍、杂志、报纸文章、电子资源等，尤其要关注与学校各个专业课程有直接或间接联系的资源。这样的整理工作可以帮助师生更容易找到他们需要的环保知识，使他们在学习、研究或讨论环保议题时有更充分的资料支持。另一方面，图书馆还可以根据所收集

和整理的资源进行适当的深度加工，比如编制主题书单、开展专题阅读活动，或制作图书展览等。这些工作可以使环保知识和理念得到更深入、更广泛的传播，从而提高师生的环保意识和参与度。

此外，图书馆还可以定期更新这些资源，以确保读者能够获取最新的环保知识。在此基础上，图书馆可以举办与环保主题相关的讲座、研讨会、书籍展示和电影放映等活动。这些活动能够让读者在互动和参与中更深入地了解环保知识，提升他们的环保意识。例如，邀请环保专家和学者举办讲座，可以帮助读者了解环保领域的前沿问题和最新研究。举办环保主题的书籍展示，可以让读者通过阅读了解环保知识。通过环保电影的放映，可以让读者直观地了解环境问题的严重性，感受到保护环境的紧迫性。

（二）实行绿色运营

高校图书馆在履行环保责任上，不仅要推广环保知识，更需要通过自身的行动，实现绿色运营。包括在图书馆建筑设计、设备选购、资源配置等方面，都应该遵循绿色环保的原则。

在图书馆建筑设计上，可以选择环保的建筑材料，如低碳环保的建筑材料，使图书馆建筑自身就成为一个环保的示范。同时，可以引入节能设计，如太阳能光热利用、自然通风、自然照明等，使图书馆能够在运行中达到节能效果。在设备选购上，图书馆可以选择节能型的设备，如节能灯、节能电脑、节能空调等。并且，在设备的使用上也需要有明确的节能规定，如在不使用的时候及时关闭设备，避免无谓的能源浪费。在资源配置上，图书馆可以推广电子资源，减少纸质书籍的购买和使用。电子资源的推广，不仅可以减少纸张的消耗，从而减少对森林的破坏，还可以避免因运输纸质书籍所产生的碳排放。同时，读者也可以随时随地访问电子资源，从而提高资源的利用效率。图书馆还可以推广绿色阅读的理念，如倡导读者少用一次性产品，尽可能地采用电子设备阅读。

图书馆也可以设立回收站，用以回收旧书、报纸、杂志等，让这些资源能够循环利用。

（三）开展资源循环利用

高校图书馆是知识资源的集散地，拥有大量的图书和其他类型的信息资源。然而，这些资源的积累和更新往往会导致部分资源的过剩或者淘汰。如何有效地利用这些资源，减少资源的浪费，成为图书馆需要面对的一种社会责任。为此，图书馆可以定期开展图书捐赠活动，将不再需要的图书赠送给需要的人或机构。这不仅可以有效地利用图书资源，避免资源的浪费，还能够帮助资金有限，无法购买新书的个人或机构获取知识。除此之外，图书馆还可以开展由社区读者参与的捐书活动，接受他们捐赠的图书或其他有用的文献资源。这样的活动既可丰富图书馆的资源，也可以让社区读者参与到图书馆的资源建设中，从而形成一个资源共享，相互捐赠的良好循环。通过这样的捐赠活动，图书馆还可以借此机会教育和引导读者意识到资源的宝贵，培养他们珍惜资源、合理消费的习惯，同时能弘扬分享、公益的社会价值观。在整个过程中，高校图书馆将发挥其在知识传播、文化保护以及社区服务中的重要作用，更好地履行其对社会的责任。

（四）研究和推广可持续发展

高校图书馆作为知识的宝库，也可以承担起推广可持续发展理念的社会责任。图书馆可以通过多种方式，为可持续发展的研究和推广提供支持。

在资源方面，图书馆可以收藏和整理各类与可持续发展相关的书籍、期刊、数据库等，为研究者提供丰富的研究资料。这些资源包括可持续发展的理论、案例、方法、技术等各个方面，能够为研究者提供全面的、深入的研究视角和方法。在活动方面，图书馆可以定期举办与可持续发展相关的讲座、研讨会、展览等活动。这些活动可以帮助读者了解可持续发展的最新研究成果，理解可持续发展的重要性，掌握可持续发展的方法和技术。同时，这些活动也可以提供一个平台，让读者、研究者、行业人士等可以在这里交流想法，分享经验，共同推动可持续发展的实践。

第二章 高校图书馆学科服务理论

第一节 高校图书馆学科服务及其发展

一、学科服务的定义

学科服务是一个涵盖广泛活动和服务的术语，涉及图书馆在支持特定学科或研究主题时的所有工作。这种服务模式使图书馆可以更好地满足用户在研究、教学、学习等各方面的信息需求。在知识经济时代，学科服务具有新的内涵，它是图书馆领域的一种全新的服务观念和服务形式，图书馆学科服务的提供，为深化现代图书馆服务、提高图书馆服务层次指明了新的发展方向。①

具体来说，学科服务也称为主题服务，是图书馆以特定学科或研究主题为基础，提供的一系列针对性的信息服务。涵盖信息检索、资料推荐、学术咨询、研究支持等各个方面。可以说，学科服务是图书馆根据用户的学科属性，制订的一套服务方案。这意味着图书馆在提供服务时

---

① 马利华. 图书馆信息管理与服务研究 [M]. 延吉：延边大学出版社，2019：176.

需要考虑到学科的特性，如研究方法、资料类型等，并据此设计并执行相关的服务项目。学科服务在图书馆中具有重要地位。不仅是满足用户需求的一种有效方式，也是图书馆服务模式转变的一个重要体现。随着社会的发展，图书馆的角色也在发生变化，从最初的信息收集和提供者，逐渐变为信息的筛选者和指导者。在这个过程中，学科服务起到了关键的作用。

学科服务的提供者，也就是图书馆员，需要具备相应的专业知识和技能。他们需要了解学科的特性，掌握相关的信息资源，才能为用户提供有效的服务。这不仅对图书馆员的专业素质提出了更高的要求，也使他们在图书馆中的角色变得更加重要。可以说，他们是学科服务的重要推动者。另外，学科服务的提供，也对图书馆的资源建设提出了新的要求。图书馆需要收集和整理与学科相关的各种信息资源，包括书籍、期刊、数据库等。这不仅需要大量的人力、物力，也需要图书馆在资源建设上有明确的方向和策略。

值得一提的是，学科服务的提供并不是一次性的工作。随着学科的发展和用户需求的变化，图书馆需要不断地更新和优化服务。这需要图书馆有一个良好的信息更新机制，以及有效的服务评价体系，才能确保学科服务的质量和效果。

二、学科服务的发展历程

学科服务的发展历程可追溯到 20 世纪 60 年代。其起源于欧美国家的学术图书馆，那时的学术研究日益专业化、复杂化，传统的图书馆服务已无法满足学者和研究生的需求。于是，一些前瞻性的图书馆开始尝试以学科为导向，提供更加专业、精准的服务，如文献检索、咨询、指导等，这就是最早的学科服务。这种以学科为导向的服务模式在用户中得到了积极的反馈，使更多的图书馆开始关注和引入学科服务。

进入 20 世纪 70 年代，学科服务开始了更深入的发展。随着信息科技的飞速发展，尤其是计算机和互联网技术的应用，高校图书馆的服务方式和服务内容发生了翻天覆地的变化。学科服务开始提供更多的增值服务，如信息分析、研究支持等，以满足学者对高级别、更深层次信息需求的要求。同时，学科服务开始在全球范围内得到推广，许多国家和地区的高校图书馆开始设立学科服务部门，以专业化、系统化的方式提供学科服务，使学科服务逐渐成为高校图书馆服务的重要组成部分。值得一提的是，20 世纪 70 年代的学科服务并不只是传统意义上的面对面服务，图书馆已经开始利用新的信息科技，如电子邮件、在线数据库等，提供远程学科服务。这种远程服务的推出，使用户可以不受时间、地点的限制，享受到高校图书馆的学科服务，极大地提升了服务的便利性和实用性。

20 世纪 80 年代，学科服务进入了一个新的发展阶段。随着网络技术的发展，这个阶段的特征是网络技术的广泛应用。网络技术的发展，为学科服务提供了前所未有的机会和挑战。一方面，网络技术使信息传播的速度和范围得到了前所未有的提升，用户可以迅速、方便地获取各种信息；另一方面，网络技术的应用，也对图书馆的服务方式、服务内容、服务质量等提出了新的要求。这一阶段的学科服务开始注重用户中心，这种用户中心的服务理念是以用户的需求为出发点，以满足用户的需求为目标，提供全面、贴心的服务。这种理念的实现，离不开网络技术的支持。通过网络技术，图书馆可以实现在线检索、在线咨询、在线学习等服务，使用户足不出户，就能享受到图书馆的各种服务，大大提升了服务的便捷性。同时，网络技术让图书馆可以根据用户的使用情况，为其提供个性化的服务，如个性化的信息推荐、个性化的学习支持等，从而提升服务的质量和用户的满意度。

到 21 世纪，学科服务的发展又进入了一个新的阶段。这一阶段的特征是信息技术的不断创新，特别是人工智能、大数据等新兴技术的应用。这些新的信息技术为学科服务提供了强大的技术支撑，使学科服务可以提供一些新的、有创新性的服务，如智能检索、个性化推荐等。智能检索是利用人工智能技术，根据用户的检索行为和偏好，智能地推荐相关信息；个性化推荐则是根据用户的浏览历史和行为特征，推荐用户可能感兴趣的信息。可以说，进入 21 世纪，学科服务的发展已经不仅仅是满足用户的基本需求，更是通过创新服务，提升用户的使用体验，提高用户的满意度。而这一切的实现，都离不开新的信息技术的支撑。因此，高校图书馆需要跟上信息技术的发展步伐，不断学习和掌握新的技术，以提升学科服务的水平。

回顾学科服务的发展历程，可以看出学科服务一直在不断地发展和创新中。它从提供基础服务到提供增值服务再到提供在线服务和创新服务，其背后的动力是信息技术的发展和用户需求的变化。学科服务的发展历程显示了其对环境变化的适应性和创新性，这也是学科服务的基本特性。

三、学科服务的类型

学科服务以满足特定学科的信息需求为目标，为用户提供专业的、细致的、有针对性的信息服务。它以学科为依托，以用户为中心，通过集成各类信息资源，为用户提供全面、精准、及时的信息服务。按照其性质和功能，学科服务大致可以分为以下三类：基础服务、增值服务和创新服务（图 2-1）。

图 2-1　高校图书馆学科服务的类型

（一）基础服务

基础服务构成学科服务的基石，是高校图书馆满足用户信息需求的最直接方式。这些服务通常包括但不限于文献检索和信息咨询，具体的表现形式和实施策略取决于用户需求的多样性、图书馆资源的丰富性以及图书馆员的专业性。

以文献检索为例，它是学科服务中非常关键的一部分。其重要性在于，正确且快速地找到所需的信息是每个学术研究的起点。图书馆提供的在线和离线检索工具可以让用户方便地获取所需要的信息。这些工具不仅包括传统的图书目录检索系统，还有现代的电子数据库和全文检索系统。这些工具能够为用户提供全面、准确、及时的信息，满足用户的基本信息需求。然而，对于许多用户来说，如何有效使用检索工具是一个挑战。这就需要图书馆提供咨询服务，为用户解答在检索、使用信息过程中遇到的问题。图书馆员需要具备专业的知识和技能，能够对用户的问题给予准确的答复，指导用户如何更有效地获取和使用信息。

值得注意的是，文献检索和咨询服务并不是孤立的，而是相辅相成的。例如，图书馆员在提供咨询服务时，可能需要使用到文献检索工具，以便找到解答用户问题所需的信息。反之，用户在使用文献检索工具时，可能会遇到问题，需要通过咨询服务得到解答。这就需要图书馆员具备良好的服务意识和技巧，能够灵活地将这两种服务结合起来，为用户提供全方位的服务。

基础服务的提供也对图书馆的资源建设提出了新的要求。高校图书馆需要收集和整理与学科相关的各种信息资源，包括书籍、期刊、数据库等。这不仅需要大量的人力、物力，还需要图书馆在资源建设上有明确的方向和策略。图书馆需要根据学科的特性和用户的需求，有针对性地收集和整理信息资源。高校图书馆需要不断优化和更新基础服务，以适应学科的发展和用户需求的变化。例如，随着科技的发展，图书馆可以使用新的技术和工具来提升文献检索和咨询服务的效果。同时，图书馆也需要对服务进行定期评价，以了解服务的优缺点，并及时进行调整和改进。

（二）增值服务

增值服务是学科服务的进一步发展，它是在基础服务的基础上，结合学科的特性和用户的需求，提供更深层次、更高级别的服务。通过提供增值服务，图书馆能够更好地满足用户的高级信息需求，提升用户的学习和研究效率。

信息分析是增值服务的重要组成部分。在信息量日益增大的今天，用户往往面临海量信息的挑战，需要从中筛选出有价值的信息。此时，信息分析就显得尤为重要。信息分析是将大量的信息进行整理、分析和总结，提炼出有价值的信息，以便用户能够更好地理解和使用。这不仅可以提升用户获取信息的效率，还可以帮助用户更深入地理解信息，更好地应用信息。信息分析服务通常包括情报编制、研究报告、学科动态报告等。

研究支持是另一种重要的增值服务。它能为用户的研究活动提供支持，帮助用户提升研究效率和质量。研究支持服务通常包括文献引证分析、学科趋势分析等。文献引证分析是通过分析文献的引用情况，帮助用户了解学科的研究状况和趋势。学科趋势分析则是通过分析学科的发展状况和趋势，帮助用户了解学科的发展方向，以便用户能够更好地进行研究。

学科指导是增值服务的又一重要形式。它是根据学科的特性和用户的需求，提供有针对性的学习和研究指导。学科指导服务通常包括课程支持、研究方法指导、学术写作指导等。课程支持是为特定课程的学习提供支持，如提供相关的学习资源、学习策略等。研究方法指导是帮助用户了解并掌握科研方法，提升用户的研究能力。学术写作指导则是帮助用户提升学术写作水平，如提供论文写作技巧、论文修改服务等。

增值服务对图书馆员的专业素质提出了更高的要求。图书馆员需要有足够的专业知识，才能有效地提供这些服务。同时，增值服务也对图书馆的资源建设提出了新的要求。图书馆需要收集和整理与学科相关的各种高级信息资源，以便提供这些服务。

（三）创新服务

创新服务是在掌握了学科特性、用户需求和信息资源的基础上，结合新的信息技术，提供新的、有创新性的服务。这些服务旨在通过创新，提升学科服务的效果，提高用户的满意度。

创新服务并非孤立存在，而是在对学科特性、用户需求以及信息资源进行深入研究的基础上，将新兴的信息技术有机地融入服务中。图书馆对各学科的特性有深入的理解，对不同学科的用户需求和信息资源有准确的把握，从而能够提供切实有效的学科服务。新兴的信息技术为创新服务提供了可能性。例如，图书馆开始尝试利用人工智能技术和大数据分析技术，为用户提供智能检索和个性化推荐服务。智能检索通过人工智能算法，可以帮助用户更高效、准确地获取所需的信息；个性化推荐则通过大数据分析，可以根据用户的使用历史和偏好，提供精准的信息推荐。这些服务都在一定程度上提升了学科服务的效果，并提高了用户的满意度。

除了使用新兴的信息技术，创新服务还体现在服务模式的创新上。图书馆开始尝试新的服务模式，如联合服务、远程服务等，以适应用户的新需求和新习惯。联合服务是指图书馆与其他机构或部门合作，共同提供服务；远程服务则是指通过网络，为远程的用户提供服务。这些新的服务模式都使学科服务更加丰富多样，更好地满足了用户的需求。

这三类服务并非相互独立，而是相辅相成的。基础服务是学科服务的基础，增值服务是对基础服务的深化，而创新服务则是对传统服务的突破和创新。一个完善的学科服务，需要涵盖这三类服务，才能全面地满足用户的需求。

四、学科服务的特性

随着高校图书馆服务的不断深入和拓展，学科服务的作用将日益突出。高校图书馆学科服务的特性主要表现在以下五个方面（图2-2）。

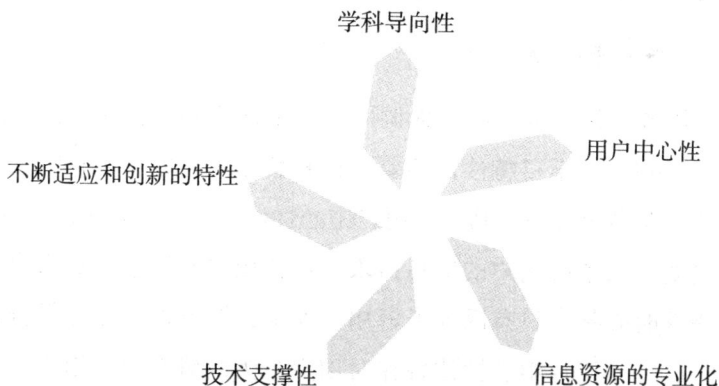

学科导向性

不断适应和创新的特性　　　　　　用户中心性

技术支撑性　　　　　信息资源的专业化

图2-2　高校图书馆学科服务的特性

（一）学科导向性

学科服务是以学科为导向的，根据不同学科的特点和需求，为用户提供专业化的服务。这种导向性使学科服务能够更好地满足不同学科用户的需求，提升用户的满意度和使用效率。学科导向性体现在多个方面。

例如，各个学科都有其独特的信息需求和使用模式，学科服务就是基于这些需求和模式，提供定制化的服务。在实际操作中，图书馆需要对每个学科进行深入的研究，了解其基本特性、研究方法、信息需求等，以此为基础，制定相应的服务策略和方法。

此外，学科导向性还表现在资源的选择和整理上。图书馆需要根据每个学科的特性和需求，收集和整理相关的信息资源。这些资源不仅包括书籍、期刊、数据库等传统资源，还包括网络资源、专家知识等新型资源。这种学科导向的资源整理，可以帮助用户更方便、准确地获取所需信息。

学科导向性还体现在服务的宣传和推广上。图书馆需要根据每个学科的特性，选择合适的方式和渠道，进行宣传和推广服务。例如，对于理工科学科，可能更注重线上的电子邮件、网站等方式；而对于社科学科，可能更注重线下的讲座、展示等方式。

（二）用户中心性

学科服务以用户为中心，强调服务的个性化和人性化。高校图书馆不仅要了解和掌握学科特性，还要了解和满足用户的个性化需求。用户中心性体现在多个方面。其一，用户中心性体现在对用户需求的关注上。图书馆需要深入了解用户的信息需求，包括用户对信息的需求量、需求种类、需求时效等。只有深入了解用户需求，图书馆才能提供符合需求的服务。其二，用户中心性体现在对用户行为的研究上。用户在信息获取和使用过程中，会表现出各种行为，这些行为反映了用户的需求、习惯、偏好等。图书馆需要对这些行为进行研究，并以此为依据，提供更符合用户需求和习惯的服务。其三，用户中心性体现在对用户反馈的关注上。用户反馈是评价服务效果的重要依据，也是改进服务的重要途径。

图书馆需要积极收集和处理用户反馈，根据反馈改进服务，从而提升服务质量。

（三）信息资源的专业化

信息资源的专业化是学科服务不可忽视的一部分，要求图书馆收集、整理和提供专门针对特定学科的信息资源。专业化的信息资源不仅可以满足用户深度、专业的信息需求，而且可以帮助用户提高信息获取的效率。

学科服务的专业化表现在对信息资源的收集和整理上。图书馆需要根据每个学科的特性，选择和收集各种类型的信息资源。这些资源包括书籍、期刊、论文、研究报告、专利、标准、数据库、网络资源等。同时，图书馆还需要对这些资源进行分类、索引和整理，以方便用户检索和使用。专业化的信息资源还体现在对信息资源的提供上。图书馆需要根据用户的需求和偏好，提供各种形式的信息服务。这些服务包括文献借阅、电子文献服务、文献传递、咨询指导、培训教育等。通过提供专业化的信息资源，图书馆可以更好地满足用户的信息需求，提高用户的满意度。

（四）技术支撑性

学科服务需要新的信息技术的支撑，如计算机技术、网络技术、人工智能技术等。这些技术可以提升服务的效率和质量，提供更好的用户体验。

技术支撑性体现在对信息资源的处理上。现代信息技术可以帮助图书馆快速、准确地处理大量的信息资源。例如，计算机技术和网络技术可以提高信息资源的收集、整理和检索的效率；人工智能技术可以实现对信息资源的智能处理，如自动分类、自动摘要、自动推荐等。技术支撑性还体现在用户服务上。现代信息技术可以提高服务的质量和效率，提供更好的用户体验。例如，网络技术可以实现远程服务，使用户在任何地点、任何时间都可以获取信息服务；人工智能技术可以实现个性化服务，如个性化推荐、智能问答、智能导读等。

（五）不断适应和创新的特性

学科服务需要不断地适应学科的发展、用户需求的变化、信息技术的更新，通过创新提供更好的服务。

适应性是学科服务的基础。学科服务的目标是满足用户的信息需求，这些需求可能会随着学科的发展、用户行为的变化，以及信息环境的变化而变化。因此，高校图书馆需要定期评估学科服务的效果，关注学科的动态，了解用户的需求和反馈，然后根据这些信息，调整和优化学科服务。这种适应性使学科服务能够保持与时俱进，满足用户的实际需求。创新性是学科服务的动力。信息技术的发展为学科服务提供了新的可能性，高校图书馆需要利用这些可能性，通过创新提供更好的服务。创新包括开发新的服务模式，采用新的服务工具，提供新的服务内容等。通过创新，图书馆可以提升学科服务的效果，提高用户的满意度，提高图书馆的竞争力。

适应和创新是学科服务的双重任务。只有在适应学科的发展，满足用户需求的基础上，高校图书馆才能进行有效的创新；而只有通过创新，高校图书馆才能更好地适应学科的发展，满足用户需求，提供更好的服务。

第二节 高校图书馆学科服务的核心价值

学科服务是高校图书馆转型的重要体现，是高校图书馆创新发展的新契机。[①] 高校图书馆学科服务的核心价值主要体现在以下四个方面（图2-3）。

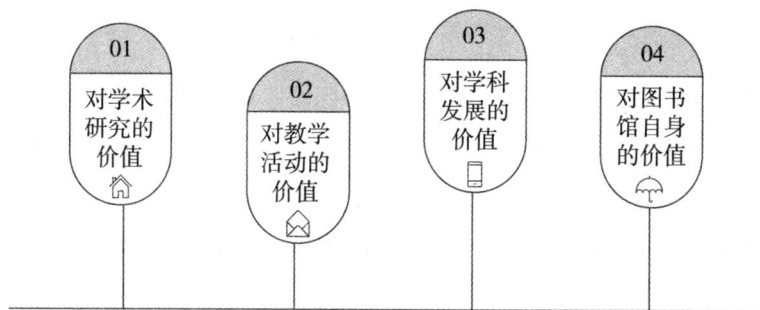

图2-3 高校图书馆学科服务的核心价值

一、对学术研究的价值

学科服务在高校图书馆中占据了不可或缺的角色，尤其在支撑和推动学术研究方面具有重要价值。这种服务通过提供专业化和个性化的信息资源，极大地促进了学术研究的发展。

专业化的学科服务为研究者提供精准的学术信息。在日益复杂多样的信息环境下，研究者需要的并非信息的海量，而是信息的准确性和相关性。这就要求图书馆能提供专业化的学科服务，帮助研究者迅速地获取和定位到自己所需的学术信息。如此一来，研究者就可以避免在信息

---

① 刘小成.高校图书馆学科服务的策略 [J].考试周刊，2012(20)：163-164.

海洋中迷失，从而能够更有效率地进行研究。个性化的学科服务则满足研究者多样化的学术需求。研究者在进行学术研究时，每个人的研究领域、研究方法、研究内容都可能存在差异，因此他们的信息需求也会各不相同。图书馆通过提供个性化的学科服务，可以针对每位研究者的特定需求，提供最合适的学术资源和信息服务。不仅满足了研究者的个性化需求，也让他们能够更好地开展研究。

高校图书馆可以根据学者的研究领域，定制化地提供最新的学术动态。这些动态可能来自各种渠道，如期刊、会议、研究报告等。图书馆会积极收集最新的学术动态，按照学者的需求进行整理和分类，然后提供给他们。因此，学者可以快速地了解自己领域内的最新发展，为他们的研究提供参考。图书馆还会提供各种文献、数据、专利等研究资料，这些资料是学者进行学术研究的重要基础。通过这些资料，图书馆为学者的研究提供了丰富的素材。学者在图书馆的帮助下，减少了寻找资料的困扰，他们可以快速找到需要的文献资源，集中精力进行研究。

除了提供学术动态和研究资料，图书馆还会帮助学者找到相关领域的专家和研究机构。这些专家和研究机构是学者进行研究的重要合作伙伴，他们可以提供各种专业知识和技术支持。图书馆会帮助学者建立起与这些专家和研究机构的联系，为他们的研究提供更广阔的合作平台。图书馆还会通过培训或咨询服务，帮助学者提高信息检索和利用的能力。这种能力对学者进行学术研究至关重要。图书馆会提供各种培训课程，如信息检索课程、数据分析课程等，帮助学者掌握更高级的信息检索和利用技能。图书馆还会提供咨询服务，解答学者在使用信息资源时的各种问题，使他们可以更有效地使用信息资源。

二、对教学活动的价值

在当今信息化社会中，学科服务已经成为教学活动中的一项关键组成部分。在此背景下，学科服务不仅对教师的教学活动起到了显著的推动作用，也为学生提供了一种全新的学习方式。

学科服务通过为教师提供最新的教学材料、实验方法和案例，极大地提高了教学质量。这些资源可以帮助教师更新教学内容，使其能够跟上时代的步伐，从而提升教学的效果。例如，学科服务可以提供最新的科研成果和行业动态，使教师能够在教学过程中引入最新的案例，使学生能够更好地理解和应用知识。除此之外，学科服务还能提供多种形式的学习资源，如电子图书、在线课程、多媒体资源等，让教师可以根据自身的教学需求和学生的学习需求，灵活地利用这些资源进行教学。这种方式不仅能满足学生的多元化学习需求，也能使教师的教学更加丰富多元。

学科服务的价值远不止于此。其提供的信息素养教育，也对学生的学习有着深远的影响。在现代社会，信息获取和利用的能力已经成为必备的技能。学科服务通过开展信息素养教育，可以帮助学生提高这一能力，使他们能够更有效地找到、理解和应用信息。例如，学科服务可以教授学生如何高效地在互联网上搜索信息，如何辨别信息的真实性和可靠性，以及如何合理地利用和引用信息等。这不仅可以提高学生的学习效率，也能让他们在学习过程中避免因信息不准确或误导而产生的错误。信息素养教育还可以帮助学生形成良好的信息道德和法治观念。例如，学科服务可以向学生普及版权知识，教导他们尊重他人的知识产权，防止抄袭或非法复制等行为。这将有助于他们在未来的学习和职业生涯中，能够正确地处理与信息相关的各种问题。

三、对学科发展的价值

学科服务通过收集、整理和推广最新的学科知识和研究成果；提供深度的学科咨询和指导；挖掘学科的研究热点和趋势以及促进学科之间的交叉和融合，对学科的发展起到了积极和重要的作用。

（一）收集、整理和推广最新的学科知识和研究成果

一个活跃的学科，总是不断有新的知识和研究成果产生。这些新的知识和研究成果是学科不断前行的动力，也是学科能够持续发展的关键。然而，新的知识和研究成果的产生速度远远超过了个体或者团体消化和应用新知识的速度。在这种情况下，学科服务就起到了桥梁和纽带的作用。

学科服务通过对最新的学科知识和研究成果进行收集、整理和推广，使更多的人能够获取并理解新的知识和研究成果。这种服务不仅仅是简单的信息传递，而是通过专业的分析和解读，使复杂的学科知识和研究成果变得易于理解和应用。这就像是为一条繁忙的信息高速公路建设一个高效的交通管理系统，既能够保证信息的流通，又能够确保信息的有效利用。因此，学科服务在收集、整理和推广最新的学科知识和研究成果方面发挥了重要的价值。

（二）提供深度的学科咨询和指导

在学科研究过程中，学者们往往会遇到各种各样的问题，这些问题可能涉及学科的基础理论，也可能涉及学科的最新研究趋势。在这种情况下，学科服务就像一个灯塔，为学者们提供了方向和引导。

学科服务可以提供深度的学科咨询，解答学者们在学科研究过程中遇到的各种问题。这种咨询不仅仅是解答问题，更是一种启发和引导。通过深度的学科咨询，学者们可以更好地理解和把握学科的基础理论和最新趋势，从而能够更好地开展学科研究。学科服务还可以提供学科指导，对学者们的研究方向和方法进行指导和建议。这种指导和建议不仅仅是对学科知识的传授，更是一种研究思维和方法的引导。通过学科指导，学者们可以更好地把握研究的方向和方法，从而能够更好地开展学科研究。

（三）挖掘学科的研究热点和趋势

研究热点和趋势是学科发展的风向标，也是研究者选择研究方向、决定研究内容、规划研究路径的重要参考。而要了解研究的热点和趋势，首要的方法就是对大量的学术文献进行深入、细致、系统的分析和总结，这正是学科服务所擅长的。

在面对海量的学术文献时，学科服务可以利用先进的信息技术，如数据挖掘、文本分析、知识图谱等，进行快速、精准的检索和分析，将最有价值、最具影响力的学术成果挑选出来，然后从这些成果中挖掘出研究的热点和趋势。这样一来，学者们就可以根据研究热点和趋势，选择最具有前瞻性和影响力的研究方向，从而在研究过程中走弯路，提高研究的效率和质量。学科服务还可以通过持续跟踪学术文献，实时更新研究热点和趋势，使学者们能够及时掌握学科发展的最新动态，适应学科发展的变化。例如，随着科技的发展，新的研究方法和技术还会影响学科的研究方向和内容，此时，学科服务就可以通过更新研究热点和趋势，指导学者们调整研究策略，引导他们掌握和使用新的研究方法和技术，从而保持学科研究的领先地位。学科服务在挖掘研究热点和趋势时，还可以进行跨学科的对比和分析，找出不同学科之间的共同研究热点和趋势，推动学科之间的交流与合作，促进学科的交叉与融合。例如，学科服务可以通过对比分析生物学和计算机科学的研究热点和趋势，发现它们在生物信息学等领域有共同的研究兴趣，然后通过推广这一研究热点，鼓励生物学家和计算机科学家进行合作研究，从而推动生物信息学的发展。

（四）促进学科之间的交叉和融合

学科间的交叉与融合是对传统学科分类的一种挑战和革新，也是当今社会发展的需要。随着科学技术的进步，各个学科之间的界限逐渐变得模糊，形成了诸如生物医学工程、数据科学等新兴交叉学科，这些学科的发展往往需要吸纳不同领域的知识和理论。随着网络信息环境的日趋成熟，用户需求正在发生改变，无论是专业上的深度，还是内容上的广度都发生了根本性的改变。学科与学科交叉融合，产生出更多的边缘学科与新学科，由原来的单一学科向多学科方向转变，从用户需求的信息载体来看，由纸质文献向音频资源、视频资源转化。[①] 高校图书馆通过其学科服务能力，为学科交叉融合提供了强有力的支持。

一方面，图书馆通过构建综合性的信息资源库，提供了不同学科间交流与融合的平台。对于学者来说，他们可以在这个平台上找到多元化的学术资源，包括但不限于其他学科的最新研究成果、理论发展动态等。这样的信息资源库能够满足学者在学科交叉研究中对多元知识的需求，也能够启发他们在自己的研究中找到新的研究视角和方法。另一方面，图书馆通过提供信息素养教育，培养了学者跨学科研究的能力。信息素养教育不仅包括信息检索技能的培训，还包括如何批判性思考、如何有效利用和转化信息等高级技能的教授。这些技能的掌握，有助于学者在学科交叉研究中更有效地发现和利用信息，也有助于他们更好地理解和应对学科交叉研究中可能遇到的问题和挑战。

高校图书馆通过参与学科规划和课程设计，可以直接推动学科交叉融合的发展。图书馆的学科服务专家，能够根据图书馆的信息资源情况，为学科规划和课程设计提供参考和建议，从而使课程设计更具有前瞻性和综合性，能更好地适应学科交叉融合的发展趋势。

四、对图书馆自身的价值

学科服务的核心价值在于其可以提升高校图书馆的服务质量，满足用户的信息需求，并提升高校图书馆的核心竞争力。高校图书馆通过提

---

① 农艳春. 大数据时代高校图书馆服务工作研究[M]. 长春: 吉林大学出版社, 2018: 159.

供学科服务，既能了解和满足用户的实际需求，提升用户满意度，又可以积累专业知识和经验，提升其在信息服务领域的专业水平。

深化用户满意度是学科服务对高校图书馆价值的显著体现。学科服务通过提供具有针对性和深度的信息服务，深入了解用户的需求，使图书馆能更好地满足用户的信息需求，增强用户的图书馆使用体验。如一位研究古代历史的学者可能需要一些难以找到的古籍或文献资料，图书馆的学科服务可以帮助他们寻找、获取这些资料，甚至提供进一步的文献阅读和研究建议。这样的定制化服务不仅节省了学者的时间和精力，也增强了他们对图书馆的依赖和满意度。

从另一个角度来看，学科服务也为高校图书馆在信息服务领域提升专业水平提供了机会。每一次为用户提供学科服务的经验，都可以使图书馆管理人员更深入地了解某一学科领域的知识结构和信息需求，从而积累专业知识和经验。这些专业知识和经验，不仅可以提升图书馆工作人员的个人能力，也可以为图书馆的整体服务能力和专业水平提供支持。例如，一个对医学领域有深入了解的图书馆管理人员，可以为医学领域的用户提供更高质量的信息服务，同时能为图书馆在医学领域的资源采购、信息组织等工作提供专业建议。

学科服务还能够提升高校图书馆的核心竞争力。在信息爆炸时代，用户面临的主要问题不再是信息的缺乏，而是如何在海量信息中找到自己需要的信息。图书馆的学科服务，通过提供具有针对性和深度的信息服务，能够帮助用户更有效地获取和利用信息，从而使图书馆在信息服务领域具有独特的优势。例如，图书馆可以提供专门针对某一学科领域的在线数据库，这些数据库不仅包含大量的学科专业信息，还提供各种强大的检索和分析工具，使用户能够更有效地找到和利用所需的信息。

第三节　高校图书馆学科服务的需求研究

一、学科服务需求的来源

了解学科服务需求的来源，对高校图书馆开展学科服务具有重要的指导意义。只有深入了解用户的需求，高校图书馆才能提供真正满足用户需求的学科服务，从而提高服务质量及用户满意度，提升图书馆的核心竞争力。

具体而言，学科服务需求主要来自高校图书馆的广大用户群体，包括学生、教师、研究人员等各类用户。他们在各自的学习、教学、科研等学术活动中，对特定学科领域的信息有着各种各样的需求。学生群体是图书馆用户中的重要一环，他们对学科服务的需求既广泛又具有多样性。由于他们正在进行专业知识的学习和掌握，对各种学科的基本知识和理论有着强烈的学习需求。比如，计算机科学专业的学生可能需要查阅和学习相关的教科书、参考书，还需要获取编程语言的学习资源，以及查阅各种技术文档和 API。此外，随着研究项目和课程论文的开展，学生们可能还需要获取某一专题的深度研究资料，包括学术论文、报告、研究数据等。教师和研究人员的学科服务需求则更加专业和深入。他们在开展教学和科研活动中，需要大量的学术资料和信息。包括对特定主题的深度文献，获取学术领域的最新研究动态，对特定问题的研究方法和技术的咨询等。他们对信息的准确性、权威性、及时性有着极高的要求。此外，他们还可能需要图书馆提供相关的文献检索、学术写作、数据管理等学科服务。

在了解学科服务需求的来源后，高校图书馆可以针对不同用户的需求，开展相应的学科服务。比如，针对学生的学习需求，图书馆可以提供各种学习资源，如电子教科书、在线课程、学习指南等，并提供各种学习支持服务，如学习咨询、技能培训、学术指导等。针对教师和研究人员的研究需求，图书馆可以提供各种研究资源，如学术数据库、研究报告、数据集等，并提供各种研究支持服务，如文献检索、研究咨询、学术交流等。

二、学科服务需求的主要特征

学科服务需求的主要特征为针对性、深度性和动态性，这些特性决定了学科服务的特殊性和复杂性（图2-4）。

图2-4 高校图书馆学科服务的主要特征

（一）针对性

针对性意味着服务需求直接与特定学科或主题相关，这一特征强调了信息服务在满足用户需求时必须具备的精确性和专业性。

在高校图书馆用户群体中，包括学生、教师、研究员等，他们在各自的学习或研究领域都有明确的信息需求。这些需求深度广泛，从基础的教科书级别的信息需求，到研究者对于特定领域深度研究的需求，无一不显示出明显的针对性。举例来说，一位文学学院的学生可能需要获取关于某个作家或某部文学作品的详细资料，以支持他们的学习或写作。而另一位生物科学的研究员则可能需要了解特定的实验技术或者某一生物种类的最新研究成果。这些明确的、专门的需求都体现了信息需求的针对性。因此，针对性要求图书馆学科服务必须具备辨识和满足专门需求的能力。图书馆需要采集和整理各个学科领域的专业信息，包括学术论文、专业数据库、实验报告、研究数据等，以满足用户的专门需求。而且，图书馆还需要提供专业的信息服务，如文献检索、知识咨询、学术指导等，来帮助用户有效地使用专业信息。

在满足针对性需求的过程中，图书馆的工作并非简单地提供信息，更重要的是，图书馆需要了解和理解用户的需求，找出需求背后的学科特性和需求动机，然后提供真正符合用户需求的信息服务。这就需要图书馆有足够的学科知识和专业技能，才能提供精准、专业的学科服务。

（二）深度性

深度性特征体现在以下两个层面：信息的深度和服务的深度。为了便于理解，可以分别称这两个层面为"信息深度"和"服务深度"。

信息深度是指学科服务提供的信息应具有深度和专业性。学术研究往往需要深入一个领域的各个角落，这就需要图书馆能够提供相关领域内的深入专业信息。例如，一个正在研究生物学某个亚领域的学者，他们需要的不仅仅是生物学的基础知识，更是那个亚领域内的最新研究进展、关键的学术论文，甚至是具体的实验方法和数据。这种信息的深度，需要图书馆具备专业的信息检索能力和资源获取能力，才能够满足用户的精准需求。

服务深度是指学科服务的内容和形式应具有深度和专业性。在服务内容上，图书馆应提供从信息检索、文献借阅、学术讲座到研究咨询等一系列的服务。而这些服务的内容，需要能够与用户的研究课题紧密相连，以此来满足用户深度的需求。在服务形式上，图书馆应提供多元化、个性化的服务。例如，一对一的研究咨询、在线的信息检索工具、互动式的学术研讨会等。这些服务形式不仅能够满足用户不同的学习习惯和需求，而且为用户创造了深入交流的机会。

要实现这种深度性，高校图书馆需要不断提升服务质量和能力。例如，图书馆需要提高资源采集的精准性，以提供丰富、专业、高质量的信息资源；需要提高服务人员的专业能力，以提供专业、有效、及时的服务；需要建立和完善服务体系，以提供全面、系统、连贯的服务。

（三）动态性

动态性是高校图书馆学科服务需求的重要特征之一，其核心在于能够应对各种快速变化的学术研究需求和知识信息环境。在信息技术飞速发展的今天，高校学科研究的进步也以日新月异的速度向前推进。新的研究方法、新的理论观点以及新的学术疆域不断涌现，学术领域的知识构成正在不断地发生变化。这就要求高校图书馆的学科服务不仅需要有足够的知识储备，更要有强大的信息检索和处理能力，以确保在知识海洋中准确、快速地找到最新、最准确的信息，从而满足学术研究的需求。

不同学科的信息需求和研究方向也在不断变化。比如，人工智能、数据科学、生物医学等新兴领域的崛起，给高校图书馆掫出了新的挑战，如何迅速适应新兴领域的研究需求，提供相关的学科服务，成为图书馆工作的一项重要任务。高校图书馆的学科服务也需要对社会环境和政策环境的变化有敏感的反应能力。例如，政策的调整可能会导致一些学科领域的研究重心发生改变，图书馆需要能够及时调整服务策略，以适应新的学科研究方向。此外，学科间的交叉和融合也是近年来的趋势，这就要求图书馆在提供学科服务时，能够打破传统的学科边界，提供跨学科的信息服务。

以上特征都对学科服务的提供和管理提出了要求。针对性要求学科服务能够关注各个学科领域的信息需求，为不同的学科领域提供专业的服务。深度性要求学科服务不仅要提供信息，还需要提供深度的信息服务，帮助用户深入理解和使用信息。动态性则要求学科服务持续关注用户需求的变化，并及时调整服务内容和方式。

三、学科服务需求的获取与分析方法

高校图书馆工作的最终目标是提高图书馆的服务质量和服务效率。为了实现这一目标，需要对学科服务需求进行有效的获取与分析。

（一）学科服务需求的获取

高校图书馆学科服务需求获取的主要方式可以概括为以下四种：直接交流、用户调查、数据挖掘和用户行为分析（图 2-5）。

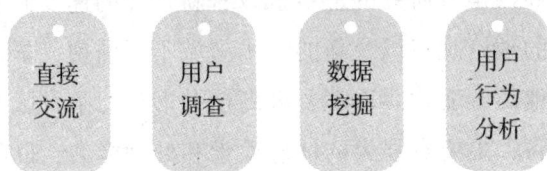

图 2-5　高校图书馆学科服务需求获取的方式

1. 直接交流

对于高校图书馆而言，直接交流是获取学科服务需求最直接、最有效的方法之一。直接交流的方式多种多样，可以是面对面的访谈、座谈会，也可以是通过邮件、社交媒体等线上方式与用户进行交流。这种方式可以让图书馆工作人员直接了解到用户在使用图书馆资源和自身服务过程中遇到的问题、需求和建议，这对于图书馆更好地提供学科服务有着极其重要的意义。

面对面的访谈是一种常见的直接交流方式。图书馆工作人员可以邀请用户进行一对一的访谈，通过深入的交谈，详细了解用户的需求。例如，图书馆可以定期邀请不同学科的教师和学生参加访谈，听取他们对于图书馆学科服务的看法和建议。这不仅可以帮助图书馆了解用户的需求，还可以增强用户对图书馆的归属感，促进图书馆与用户之间的互动。座谈会则是一种面向多人的交流方式。通过举办座谈会，图书馆可以邀

请多个用户参与，共同讨论学科服务的问题和需求。座谈会既可以是面向特定学科的，也可以是面向所有学科的。通过座谈会，图书馆可以听取多个用户的声音，获得更全面的反馈。用户反馈也是获取学科服务需求的重要方式。图书馆可以通过设置反馈箱、开设反馈热线、设立在线反馈系统等方式，鼓励用户提供对学科服务的反馈。通过分析用户的反馈，图书馆可以及时发现和解决问题，不断改善学科服务。

2.用户调查

通过调查，高校图书馆可以系统地收集用户对学科服务的需求和满意度。用户调查可以采用在线调查和纸质调查两种方式。在线调查是现代图书馆常用的一种调查方式。通过电子邮件、网站、社交媒体等平台，图书馆可以方便地进行在线调查。在线调查的优点是操作简便、范围广、成本低。图书馆可以通过在线调查了解用户对学科服务的总体满意度、具体需求、使用频率等信息，为提升学科服务质量提供依据。纸质调查则是传统的调查方式。虽然现在的图书馆越来越倾向于使用在线调查，但纸质调查仍有其独特的优势。纸质调查可以更好地保证用户的匿名性，有助于获取用户真实的反馈。此外，纸质调查更容易引起用户的重视，可以提高调查的响应率。

无论是在线调查还是纸质调查，高校图书馆在设计调查问卷时，都需要考虑到调查的目标、对象和方式，确保调查的有效性和准确性。同时，图书馆还需要进行定期调查，以便及时了解和跟踪用户需求的变化。

3.数据挖掘

在现代高校图书馆工作中，大数据技术的应用已经成为必然趋势。数据挖掘，就是利用大数据技术对图书馆内的各种数据进行深入分析，以发现和理解用户的潜在需求。这种方式的优势在于，它可以帮助图书馆从大量的数据中发现用户的行为模式，进而推断出用户潜在的学科兴趣和学习习惯。例如，通过分析用户的借阅记录，图书馆可以发现用户对哪些学科领域的资料需求最大，哪些书籍的借阅率最高，从而有针对性地增加相关领域的图书采购，以满足用户的需求。同样，通过分析用户的在线查询记录，图书馆可以了解用户的搜索习惯和搜索需求，优化图书馆的搜索系统，提高用户的检索效率。

数据挖掘不仅可以分析用户的行为，还可以分析图书馆的服务数据。例如，图书馆可以分析学科服务的使用数据，了解哪些服务被用户使用得最频繁，哪些服务的使用率低，然后有针对性地优化服务，提高服务质量和效率。

4.用户行为分析

用户行为分析是对用户在图书馆内的行为进行跟踪和分析，以了解用户的需求。它的主要目的是从用户的行为中获取信息，然后根据这些信息为用户提供个性化的学科服务。例如，图书馆可以通过观察用户在图书馆内的停留时间，了解用户对图书馆环境的满意度。如果用户在图书馆内的停留时间较长，说明他们对图书馆的环境比较满意；反之，则可能需要改善图书馆的环境。又如，通过分析用户访问的页面，图书馆可以了解用户对哪些内容感兴趣，然后调整图书馆的内容布局，让用户更容易找到他们需要的信息。此外，通过分析用户的搜索关键词，图书馆可以了解用户的学科需求，优化搜索引擎，提高搜索结果的相关性。

（二）学科服务需求的分析方法

获取学科服务需求后，需要对其进行深入的分析。分析的目的是理解用户的需求，找出需求的规律，以便进行需求的满足。分析方法主要有需求分类、需求排序、需求关联分析和需求趋势分析（图2-6）。

图 2-6　高校图书馆学科服务需求的分析方法

1. 需求分类

对用户需求进行分类，是理解和满足用户需求的重要步骤。通过需求分类，图书馆可以更系统、更详细地了解用户需求的种类和特性，从而更有效地满足用户需求。

需求分类的方式有很多，可以按照需求的类型、来源、频率等进行分类。其中，按照需求的类型进行分类是最常见的方式。一般来说，高校图书馆的学科服务需求可以分为资料需求、服务需求、设施需求等。资料需求是指用户对图书馆提供的各种学科资料的需求。包括用户对图书、期刊、数据库、电子资源等的需求。通过分析用户的资料需求，图书馆可以了解用户对哪些学科领域的资料需求最大，哪些资料的使用频率最高，然后有针对性地进行图书采购和资源配置。服务需求是指用户对图书馆提供的各种服务的需求。包括用户对借阅服务、参考咨询服务、培训服务、互动服务等的需求。通过分析用户的服务需求，图书馆可以了解哪些服务被用户使用得最多，哪些服务的满意度最高，然后有针对性地优化服务，提高服务质量。设施需求是指用户对图书馆提供的各种设施的需求。包括用户对阅览座位、网络设施、自助设备等的需求。通过分析用户的设施需求，图书馆可以了解用户对图书馆环境的满意度，以及对设施的使用情况，然后有针对性地改善环境，优化设施。

2.需求排序

高校图书馆还需要对用户需求进行排序，以确定需求的优先级。需求排序的标准可以是需求的重要性、紧迫性、影响范围等。

按照需求的重要性进行排序，是最常见的方式。一般来说，对用户学习、研究有重要影响的需求，应视为重要需求，应优先满足。例如，对某一学科领域的核心资料的需求，对基础服务（如借阅服务、检索服务）的需求，通常被视为重要需求。除了重要性，紧迫性也是一个重要的排序标准。一般来说，紧迫性高的需求，应优先满足。例如，用户对即将进行的课程设计、论文写作等有紧急需求，图书馆应优先满足这些需求，以支持用户的学习、研究活动。

3.需求关联分析

需求关联分析是一种探索用户需求之间关系的方法，其目标是发现不同需求间的关联性。对于图书馆来说，理解用户需求之间的关系可以帮助它们更全面、更深入地理解用户需求，从而提供更精准、更高效的服务。

举例来说，图书馆工作人员发现，用户在借阅某一类型的图书（如计算机科学的图书）时，往往会产生使用相应的数据库或电子资源的需求。这种关联性可能源于学科特性，因为计算机科学的研究通常需要借助最新的数据库和电子资源。因此，当图书馆在采购计算机科学相关图书时，也应考虑增加相应的数据库和电子资源。另外，用户在使用图书馆的学习空间（如阅览室、研究室）时，往往会产生使用图书馆的其他设施（如打印机、扫描机）的需求。这种关联性可能源于用户的学习习惯，因为他们在阅读、学习时，通常需要打印、扫描文献。因此，当图书馆在布局学习空间时，也应考虑提供方便的打印、扫描服务。

4.需求趋势分析

需求趋势分析是一种预测用户需求变化的方法，其目标是发现用户需求的变化趋势。对于图书馆来说，理解用户需求的变化趋势可以帮助它们更灵活、更及时地适应需求变化，从而提供更有效的服务。例如，图书馆工作人员发现，用户对电子资源的需求在逐年增长，而对纸质图书的需求在逐年减少。这种趋势可能源于数字化和网络化的影响，因为越来越多的用户喜欢通过电子设备阅读、学习。因此，图书馆在未来的服务中，应更加重视电子资源的提供，同时适当减少纸质图书的采购。又如，随着用户对自助服务的需求在逐年增长，例如自助借阅、自助还书、自助查询等。这种趋势可能源于自助化和便捷化的需求，因为越来越多的用户喜欢自己动手，节省时间。因此，图书馆在未来的服务中，应更加重视自助设施的提供，同时加强自助服务的指导。

四、学科服务需求的满足策略

高校图书馆的学科服务在满足各学科需求方面扮演了重要角色。其满足策略主要从服务理念、服务方式、服务内容、服务效果等四个方面入手。

在服务理念方面，高校图书馆应具有前瞻性的学科服务观。此观念应基于图书馆与其用户之间的关系，强调以用户为中心，关注每个学科的专业性和独特性，以满足不同学科领域的个性化需求。高校图书馆的学科服务观念须根植于对图书馆与其用户关系的深刻理解。在信息化社会背景下，图书馆已从单纯的信息提供者转变为信息服务提供者，用户从被动的信息接收者转变为主动的信息需求者。在这种背景下，高校图书馆应以用户为中心，建立以满足用户需求为目标的学科服务观。这种服务观需要关注每个学科的专业性和独特性，对不同学科领域的个性化需求有所回应。由于每个学科的研究方法、研究内容和信息需求都有其特点，因此，高校图书馆应对每个学科进行深入的研究和理解，为每个学科提供符合其特点的服务。包括构建丰富和高质量的学科信息资源库，提供有效和专业的学科咨询与指导服务，以及组织各种形式的学科信息活动等。这种服务观还需要强调对学科教育和学科研究的深度参与。图书馆不仅是学科教育和学科研究的支持者，也是其参与者。通过参与课程设计、研究项目、学术会议等，图书馆可以了解和预测学科的信息需求，提供有针对性的服务。这种服务观还强调持续改进和创新学科服务。由于信息技术和学科需求都在不断变化，因此图书馆需要持续关注这些变化，不断改进和创新服务，以满足用户的新需求。

在服务方式方面，高校图书馆的学科服务方式应以便利性和个性化为目标，并结合现代信息技术进行优化和创新。一方面，图书馆应提供线上线下结合的服务方式。线下服务可以提供更直接和个性化的服务，如学科咨询、资源推荐、研究指导等。线上服务则可以提供更广泛和方便的服务，如在线资源检索、电子资源下载、在线咨询等。同时，线上线下服务应相互支持，相互融合，形成一个统一和协调的服务体系。另一方面，为更好地满足学者的学科服务需求，高校图书馆应积极结合新技术进行服务创新与优化。通过对图书馆的大量数据进行分析，图书馆可以借助大数据技术更准确地了解用户的需求和行为模式。这种洞察力使图书馆能进行个性化推荐，为用户提供更加精准的资源建议和学术方向指引。人工智能则为图书馆带来了自动化的问答系统、智能分类和资源标注等功能，极大地提高了图书馆的服务效率。通过对用户行为、检索记录和阅读历史的数据挖掘，图书馆可以更深入地发现学者们的潜在需求，进而推动图书馆资源的优化和更新。区块链技术在电子资源的分发和共享中发挥了关键作用，确保了信息的完整性和安全性，为学者提供了原始且未被篡改的资源，并为知识产权的管理提供了可靠的技术保障。此外，通过虚拟社区平台，图书馆还可以为学者们提供一个线上学术交流和合作的空间，从而进一步促进跨学科的合作和研究。

在服务内容方面，高校图书馆的学科服务应以丰富性和实效性为基础。丰富性，首先体现在提供多样化的学科信息资源。包括各种类型的图书、期刊、数据库、电子资源等。每一种资源类型都有其特定的使用场景和价值，例如图书往往提供全面、系统的知识信息，但更新周期较长；与图书相比，期刊出版周期短，刊载论文的速度快、数量大、内容新颖、发行与影响面广，能及时反映国内外科学技术的新成果、新水平、新动向；而数据库和电子资源提供了大量的数字资源，使用户可以不受时空限制，能随时随地进行在线访问。丰富性还体现在提供多种形式的学科咨询和指导服务。例如，图书馆可以提供面对面的咨询服务，帮助用户解决具体的信息问题；可以提供在线咨询服务，提高服务的便捷性和效率；可以提供课程式的指导服务，帮助用户提升信息素养和研究能力。实效性则体现在服务内容的质量和实用性。所有的学科信息资源都应具有学术价值和实用价值，符合学科的研究需求和教育需求。所有的学科咨询和指导服务都应针对实际的信息问题和研究问题，以解决问题为导向，以提高效率和质量为目标。

在服务效果方面，高校图书馆应通过持续的评估和改进，以实现学科服务的最大化。评估是提升服务效果的关键环节。高校图书馆应定期进行用户满意度调查，了解用户对学科服务的满意程度，收集用户的反馈和建议。同时，高校图书馆还应进行学科服务使用统计，了解服务的使用情况，分析服务的使用特点和趋势。此外，还应进行学科服务效果研究，研究服务效果对学科教育和研究的影响，以评估服务的价值和意义。改进则是提升服务效果的直接手段。根据评估的结果，高校图书馆应优化学科服务流程，创新学科服务方式，提高服务的效率和便捷性。同时，还应提升学科服务质量，提高服务的专业性和满意度。

以上四个方面相互影响、相互促进，构成了一个完整的学科服务需求满足策略。高校图书馆应根据自身的实际情况以及学科和用户的特点，制定和实施合适的学科服务需求满足策略，以提高学科服务的质量和效果，满足用户的学科信息需求，推动学科的教育和研究进步。

第四节　高校图书馆学科服务的质量评价体系

在大数据时代和双一流建设背景下，高校图书馆开展世界一流的学科评价服务，是图书馆服务转型与学科服务向纵深发展的必然要求，是构建和完善世界一流学科评价体系的重要实践。[①]

一、学科服务质量评价的重要性

学科服务质量评价对于高校图书馆的重要性不言而喻。这种评价可以帮助图书馆全面了解和提升学科服务的效果。每一项服务，无论是信息咨询、文献检索还是资源利用指导，都需要得到详细且全面的评价。这种评价揭示了服务的优点，使图书馆能够明白自身的优势所在，让优势在更大的范围内出色发挥，为读者提供更高质量的服务。通过学科服务质量评价还能够发现服务的不足，使高校图书馆能够针对性地进行改进。举例来说，如果在评价过程中发现某一项服务的反应速度较慢，图书馆就可以针对性地改善其服务流程，提高服务效率。如果发现服务内容不能满足某一学科的专业需求，图书馆就可以调整其服务内容，为用户提供更专业、更贴切的服务。这样的改进，使学科服务能够更好地满足用户的需求，提高用户的满意度。

而对于用户的满意度，则是高校图书馆工作的重要反馈。只有了解用户对服务的满意程度，图书馆才能真正明白其服务是否满足了用户的需求，以及服务的效果如何。用户满意度的调查可以通过问卷调查、访谈等方式进行，这样可以直接收集用户的反馈，了解用户的需求和期望，

[①] 杨昭.大数据时代高校图书馆世界一流学科评价服务研究[J].图书与情报，2018(5)：81-86.

从而更好地调整服务，提高服务质量。更为重要的是，学科服务质量评价还可以显示服务的价值和意义。当图书馆能够通过具体的数据和事例展示其服务对学科教育和研究的支持程度，以及服务对用户信息素养的提升程度时，图书馆的价值和意义就得到了体现。这不仅能够帮助图书馆赢得用户的信任和支持，也能够帮助图书馆争取到更多的资源和机会。

因此，建立一个有效的学科服务质量评价体系，对于高校图书馆来说，不仅是提升服务的手段，也是体现自身价值的方式。只有通过评价，图书馆才能真正明白自己在哪里，将要走向哪里，才能不断地提升服务质量，更好地满足用户的需求。

二、学科服务质量评价的指标体系

学科服务质量评价的指标体系是评价工作的核心。一个完善的指标体系应该全面覆盖学科服务的各个方面，包括资源指标、服务指标、效果指标和管理指标。每个方面都有一系列具体的指标，共同构成全面评价学科服务质量的基础（图 2-7）。

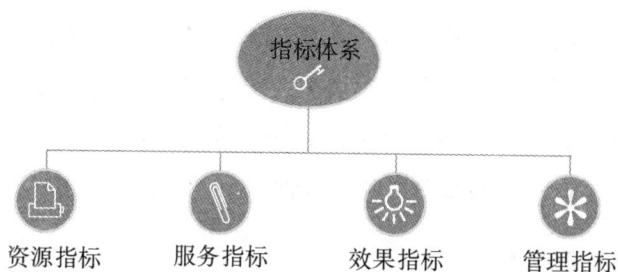

图 2-7　高校图书馆学科服务质量评价的指标体系

（一）资源指标

资源指标作为评价指标体系的基础，其重要性在于其构建了学科服务的物质基础。它是用户获取学科信息，满足学科教学、研究、学习需求的主要渠道。因此，对图书馆学科服务中的资源指标进行深入的理解和评价，是提高学科服务质量的关键。

在数量方面，对图书馆提供的资源指标进行评价主要体现在以下两个方面：一是图书馆提供的学科资源品种是否齐全，如图书、期刊、数据库、电子资源等各种类型的资源是否都具备；二是图书馆提供的学科资源能否满足用户多元化的学习和研究需求。例如，提供的图书数量是否能满足不同学科、不同层次、不同方向的教学和研究需要，是否能满足用户在知识广度和深度上的需求。在质量方面，图书馆提供的各类学科信息资源的质量也是评价资源的重要标准之一。不同的资源，其质量标准也会有所不同。例如，图书的质量，可以从内容的准确性、权威性、科学性等方面进行评价；期刊的质量，可以从其影响因子、被引频次等方面进行评价；数据库的质量，可以从其数据的完整性、准确性、及时性等方面进行评价；电子资源的质量，可以从其内容的丰富性、互动性、易用性等方面进行评价。只有提供高质量的资源，才能使用户在使用过程中得到满意的结果，从而提高用户的满意度。在更新速度方面，图书馆更新学科信息资源的速度和频率是评价其服务活力和竞争力的重要标准。学科信息的更新速度直接影响到用户获取最新信息的能力，这在很大程度上关系到学科研究的前沿性和教学的现代性。因此，图书馆不仅需要及时获取最新的学科信息资源，而且需要定期对现有资源进行清理和更新，以保持资源的新鲜度和时效性。

（二）服务指标

服务指标直接反映了图书馆的学科服务能力和效果，是评价图书馆是否能满足用户需求，是否能提供高质量服务的重要依据。

在速度方面，图书馆提供咨询服务的反应速度和处理速度是评价其服务效率的重要标准。快速的反应能显示出图书馆对用户需求的重视，及时的处理能体现出图书馆的专业能力和责任心。在此基础上，图书馆还需要注意服务的及时性，即在用户需要时能及时提供服务，这对于提高用户满意度和增强图书馆的吸引力至关重要。在效果方面，咨询服务解决问题的程度和质量是评价其服务效用和价值的重要标准。解决问题的程度，可以从问题解决的完整性、准确性、深度等方面进行评价；解决问题的质量，可以从解决方案的科学性、实用性、创新性等方面进行评价。只有提供高效的服务，才能真正满足用户的需求，提高用户的满意度。在满意度方面，用户对咨询服务的满意程度是评价其服务质量和影响的重要标准。用户的满意度，可以从服务的及时性、专业性、友好性等方面进行评价；也可以通过用户反馈、用户调查等方式进行测量。高满意度不仅反映了服务的高质量，也能增强图书馆的吸引力，提高图书馆的声誉。

在指导服务的质量、影响和满意度方面，也应进行类似的评价。质量可以从指导内容的科学性、实用性、个性化等方面进行评价；影响可以从指导服务的广度、深度、持久性等方面进行评价；满意度可以从服务的及时性、专业性、友好性等方面进行评价。

（三）效果指标

效果指标不仅着眼于服务过程，更在于服务成果，将视角延伸至服务完成后的影响力，从而更全面地评价图书馆学科服务的质量。

高校图书馆学科服务应该是学科教育和研究的有力支持。广度主要关注图书馆服务能覆盖的学科领域的广泛性，深度则体现在图书馆服务对每个学科领域的深入程度，质量则涉及服务的专业性、准确性等方面。图书馆不仅提供信息资源，还应提供专业指导，帮助用户进行学术研究，从而为学科教育和研究提供全方位的支持。高校图书馆的学科服务还应当对提升用户的信息素养产生积极影响。信息素养涵盖信息的获取、评价、使用等方面，是现代社会公民必备的能力。通过各种形式的指导服务，例如讲座、工作坊、在线教程等，图书馆可以帮助用户提升信息素养。其中，提升的程度可以从用户的能力提升程度、知识掌握程度等方面进行衡量；范围则可以从服务覆盖的用户群体、涉及的技能种类等方面进行评价；效果可以从用户的反馈、行为改变等方面进行观察。

（四）管理指标

管理指标是评价指标体系的保障，关注的是图书馆学科服务的组织和管理情况，以及服务改进和创新的能力，反映了图书馆内部运行的效率和质量。

高校图书馆组织和管理服务的效率体现了图书馆的运作水平。包括服务的响应速度、处理速度、服务流程的设计和优化等方面。优秀的管理效率可以确保服务快速、高效地提供，有助于提高用户的满意度和图书馆的声誉。高校图书馆改进和创新服务的能力决定了图书馆能否应对不断变化的信息环境，持续提供优质的服务。这就需要图书馆具备敏锐的市场洞察力，能够及时发现并理解用户的需求变化；需要图书馆具备强大的学习能力，能够持续学习新的知识和技能，提高服务的质量和效果；还需要图书馆具备创新的思维方式，能够开发新的服务形式和方法，提升服务的吸引力和影响力。

三、高校图书馆学科服务质量评价的具体方法

学科服务作为一种新型服务，与图书馆的传统服务不同，其服务质量不再主要依赖馆舍面积、藏书数量等硬件投入，而是更多地依赖于图书馆软实力的建设，这使得图书馆学科服务评价体现出多维度、主观性的特点。[①] 因此，对高校图书馆学科服务质量评价需要采取科学的方法，一般来说主要包括定性方法和定量方法（图2-8）。

---

①李文竹."双一流"背景下的高校图书馆学科服务评价——基于层次分析法[J].大学（研究版），2022(13)：36-39.

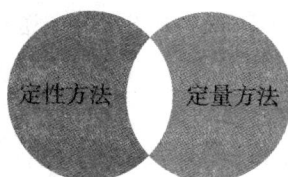

图2-8　高校图书馆学科服务质量评价的具体方法

（一）定性方法

定性方法包括用户访谈、焦点小组讨论、案例研究等。这些方法可以深入了解用户的需求和感受，揭示服务的深层问题和影响。

用户访谈是一个强大的工具，尤其是对于评价服务质量的场景，这是因为它提供了深入了解用户需求和满意度的机会。是一种一对一的、结构化或半结构化的对话，由图书馆工作人员或研究人员进行，以了解用户的感受、体验和期望。访谈的主题通常与图书馆的学科服务相关，如服务的可用性、准确性、及时性，以及其他可能影响用户满意度的因素。进行访谈时，应尽可能让用户自由地表达他们的意见和感受，以获取真实、深入的反馈。同时，访谈者应有良好的倾听和记录技巧，以确保所有重要信息的捕获和准确记录。

焦点小组讨论涉及一组用户在一个有指导的环境中进行。这种方法能够获得用户的集体视角，以及关于特定主题或问题的详细信息。例如，图书馆可能会邀请一组来自同一学科的学生和教师，讨论他们对图书馆学科服务的感受和改进意见。焦点小组讨论需要一个有经验的主持人来引导讨论，确保所有参与者都有机会发表意见，同时保持讨论的主题和目标的关注。

案例研究涉及对一个或多个具体的、实际的情况进行深入研究。例如，一个图书馆可能会进行一项案例研究，来详细了解某个学科的学生如何使用和评价图书馆的学科服务。案例研究可以提供详细的描述和分析，揭示隐藏的模式和动态，也可以生成有用的见解和建议。

（二）定量方法

定量方法包括满意度调查、服务使用统计、效果研究等。这些方法可以获取大量的数据，分析服务的表面情况和趋势。

满意度调查通过设计和发放调查问卷，收集用户对图书馆学科服务的满意度数据。满意度调查的主题包括服务的及时性、准确性、便利性，以及用户对服务的整体满意度等。通过分析数据，图书馆可以了解服务的优点和缺点、用户的需求和期望，以及服务如何满足这些需求和期望。

服务使用统计涉及收集和分析图书馆服务的使用数据。这些数据包括服务的使用频率、使用时长、使用人数，以及其他可能的使用指标。通过服务使用统计，图书馆可以了解服务的使用情况，了解哪些服务被频繁使用，哪些服务使用较少，以及使用模式是否有特定的趋势或模式。

效果研究是一种更高级的定量评价方法，涉及设计和实施研究项目，以衡量图书馆学科服务对用户的实际影响。例如，一个效果研究可能会衡量学科服务对学生学习成绩的影响，或者对教师研究产生的影响。效果研究需要较高的研究技能和资源，但它可以提供对服务效果的直接、实证的证据。

综上所述，定性方法和定量方法都有各自的优点和局限性，因此应将二者结合使用，以全面、深入地评价图书馆学科服务的质量。通过这种多方法、多角度的评价，图书馆可以获取更全面、更深入的理解，从而做出更明智、更有效的决策，提高学科服务的质量和效果。

四、学科服务质量的优化与持续改进

高校图书馆为了更好地满足用户的需求，提供高质量的学科服务，必须不断地优化和改进服务。优化和改进可以在许多方面进行，包括服务流程、服务内容、服务方式、服务工具等。

对服务流程的优化和改进，目的是提高服务效率和效果。涉及调整服务的步骤和程序，简化服务流程，减少无效的操作和等待时间。例如，图书馆可以通过使用更高效的信息技术，或者更好地协调各部门的工作，来提高信息检索和咨询服务的速度。此外，图书馆还可以通过改进服务的安排和调度，比如设置更方便的服务时间、提供预约服务，来提高服务的可用性和便利性。

对服务内容的优化和改进，目的是提高服务的质量和满意度。这可能涉及扩大和丰富学科信息资源，为用户提供更多的学科咨询和指导服务，或者更好地满足用户的个性化需求。例如，图书馆可以通过购买更多的书籍、期刊和数据库，或者开发更多的电子资源，来提高学科信息资源的数量和质量。图书馆还可以通过提供更多的咨询和指导服务，比如开设更多的学科讲座和工作坊，或者提供更多的在线咨询和教程，来提高用户的信息素养和学习效果。

对服务方式的优化和改进，目的是提高服务的灵活性和创新性。可能涉及尝试新的服务方式，比如使用新的信息技术或实施新的服务模式。例如，图书馆可以通过使用移动应用、社交媒体、虚拟现实等新技术，来提供更便捷、更吸引人的学科服务。图书馆还可以通过实施以用户为中心、以合作为基础的服务模式，比如设置学科服务站点或建立学科服务团队，来提高服务的个性化和协作性。

对服务工具的优化和改进，目的是提高服务的可用性和效能。可能涉及更新和升级服务工具，比如使用更先进的计算机和软件，或者更好的设备和设施。例如，图书馆可以通过使用更快的计算机、更强大的检索软件、更好的打印机和扫描仪，来提高服务的速度和效果。图书馆还可以通过提供更舒适的阅读环境、更方便的查询工作站、更好的网络连接，来提高服务的舒适性和便利性。

这些优化和改进都需要基于对学科服务质量的持续评价和反思。通过定期的满意度调查、使用统计和效果研究，高校图书馆可以了解服务的优点和缺点、用户的满意度和需求，以及服务的效果和影响。根据这些了解，图书馆可以制订和实施优化、改进的策略和计划，持续提高学科服务的质量和效果。因此，学科服务质量的优化和持续改进，是一种基于评价的、系统的、持续的过程，需要图书馆的长期投入和努力。

第三章　高校图书馆社会化服务理论

第一节　高校图书馆社会化服务的定义、内容及意义

一、高校图书馆社会化服务的定义

高校图书馆社会服务是指高校图书馆在保证各自主要服务对象的前提下延伸向社会公众开放，采取多种形式，多种渠道（有偿或无偿）的文献信息服务方式，以接纳社会公众，允许他们利用图书馆内的各种信息资源，并为他们提供各种信息服务。[①]

可见，高校图书馆在提供社会化服务的过程中，首先需确保自身校园服务的全面实施，也就是高校图书馆应以满足学校师生的教学和科研需求为首要职责。然而，服务对象并不能仅限于校内师生，还需要拥有接待社会各界人士并提供相应服务的能力。高校图书馆还应当努力实现资源的全面开放，无论是实体图书馆中的读者查阅，还是网络用户的资源获取，都应当得到充分的保障，使图书馆资源得以真正实现共享，从

---

① 张理华. 大数据时代高校图书馆信息服务创新研究 [M]. 北京：北京理工大学出版社，2019：118.

而更有效地服务社会大众。

在进行社会化服务的过程中，高校图书馆需要有开放的思维，打破传统的仅限于馆内和校内的服务模式，积极投身社会大环境，主动向社会用户提供资源和服务。在提供服务的过程中，高校图书馆应力求服务覆盖全社会，平等地对待社会用户和校内读者，提供各种多层次、深度的服务。而在服务内容方面，图书馆工作人员需要广阔的视野来满足社会各类组织和个人的多元化信息需求。

当前，高校图书馆的使命应是适应时代发展的需要，大胆突破传统的管理和服务模式，在保证为校内师生提供高质量的教学、科研、学习服务的同时，积极利用高校图书馆自身的优势，为社会提供更多元化、高质量的服务。

二、高校图书馆社会化服务的主要内容

高校图书馆社会化服务的主要内容包括以下五个方面（图3-1）。

图 3-1　高校图书馆社会化服务的主要内容

（一）资源开放服务

在现代信息社会，高校图书馆的资源开放服务显得尤为重要。随着

科技的不断进步和社会经济的飞速发展，知识信息的需求日益激增，而高校图书馆的资源开放服务恰恰可以有效地满足这种需求，为广大社会用户提供丰富、高质量的信息资源。

高校图书馆的资源开放服务具体表现为藏书、期刊、数据库等各类文献资料的公开提供。藏书是图书馆最基本的资源，覆盖了各个学科领域，既有深度，又有广度。图书馆的藏书以学科划分，因此能够满足社会用户在特定学科领域内的知识需求。期刊则是最新的学术研究成果的载体，是社会用户了解学科前沿、跟踪学术动态的重要途径。数据库更是汇聚了海量的文献资源，包括论文、报告、统计数据等多种形式的信息，可以为社会用户的学习、研究、决策等提供有力的信息支持。

高校图书馆的资源开放服务并不局限于实体馆的开放阅览。随着信息技术的发展，电子资源的获取和使用已成为趋势。高校图书馆通过网络，将电子资源的使用权扩大到社会用户，使社会用户无须前往图书馆，就可以在家中、办公室或者任何有网络连接的地方，浏览和下载电子资源。这种便捷的远程访问服务，极大地方便了社会用户，提高了图书馆资源的利用率。

（二）信息咨询服务

高校图书馆应提供专业的信息咨询服务，帮助社会用户解决信息检索和使用的问题。在信息爆炸时代，人们面临的问题不再是信息的缺乏，而是如何在海量信息中找到真正有用的信息。因此，高校图书馆的信息咨询服务的重要性显得尤为突出。

高校图书馆的信息咨询服务能够以多种形式进行，包括面对面的咨询、电话咨询、在线咨询等。面对面的咨询是最传统的形式，用户可以直接与图书馆的专业馆员交流，获取个性化的信息检索帮助。电话咨询和在线咨询则利用现代通信技术，使信息咨询服务不再受地域限制，用户可以在任何地方、任何时间获取信息帮助。此外，图书馆还可以通过开设信息素养课程、举办信息素养讲座等方式，提高社会用户的信息素养，使他们具备自我检索和利用信息的能力。

为了有效地开展信息咨询服务，高校图书馆需要配备一支专业的馆员队伍。这些馆员不仅需要具备丰富的图书情报知识，还需要具备良好的沟通技巧和服务意识，能够耐心细致地解答用户的问题，提供高质量的信息咨询服务。

（三）文化活动服务

高校图书馆应积极开展各类文化活动，为用户提供丰富多彩的文化生活。既可以包括读书会、讲座、展览等，也可以引导社会用户增长知识、开阔视野。例如，图书馆举办的读书会，可以使参与者通过分享阅读感受，互相启发，共享阅读的乐趣。图书馆的讲座和展览，则可以使社会用户了解更多的学科知识和社会信息，增强其社会责任感和公民素质。这些活动不仅可以丰富社会用户的文化生活，还可以提高图书馆的社会影响力，增强其与社区的联系。

（四）互动交流服务

高校图书馆应提供各种互动交流平台，促进社会用户之间的交流与合作，如学术论坛、研究小组、共享空间等。在高校图书馆服务中，学术论坛可以为社会用户提供一个展示和讨论学术成果的平台，使他们有机会与其他学者交流学术观点，拓宽学术视野。研究小组则可以帮助社会用户建立合作关系，通过团队协作解决研究问题。共享空间则可以为社会用户提供一个自由交流和合作的空间，使他们能够在轻松的环境中交流信息，分享经验。这些平台的设置，旨在促进信息的交流和传播，提高社会用户的创新能力。

（五）个性化服务

个性化服务在高校图书馆社会化服务中占据重要地位，因为每个用户都有其独特的信息需求和使用习惯。因此，图书馆应尽力理解并满足这些需求，以提升用户的满意度和图书馆服务的效果。

资源推荐是个性化服务的一部分，主要涉及对用户行为、兴趣和偏好的深入理解。例如，图书馆可以通过用户的借阅记录，研究其阅读或研究的兴趣，从而为他们提供相关的资源推荐。这种个性化的推荐可以帮助用户快速找到所需的资源，节省他们的搜索时间，提高他们的学习和研究效率。学习指导也是个性化服务的重要内容。根据每个用户的学习需要和学习风格，图书馆可以提供个性化的学习指导服务。例如，对于初级用户，图书馆可以提供基本的信息检索和使用教育；对于高级用户，图书馆可以提供深度的学术研究方法和技术指导。通过这种方式，图书馆可以帮助每个用户提高他们的信息素养，提升他们的学习成效。空间设计是个性化服务的又一重要组成部分。每个用户对于学习环境的需求和偏好都是不同的。有些用户喜欢安静的环境，有些用户喜欢开放的环境；有些用户喜欢独立的空间，有些用户喜欢合作的空间。因此，图书馆应该设计和提供各种类型的空间，以满足不同用户的需求。例如，图书馆可以设置安静的阅览区、开放的交流区、独立的研究室、合作的学习空间等。

三、高校图书馆社会化服务的意义

高校图书馆社会化服务是社会发展和时代发展的必然结果，是人们终身学习理念下对高校图书馆发展提出的客观要求。只有紧跟时代发展的脚步，不断做出调整和规划，高校图书馆才能焕发生机和活力，在推进社会化服务发展的同时实现自身的可持续发展。高校图书馆社会化服务的意义具体体现在以下四个方面（图3-2）。

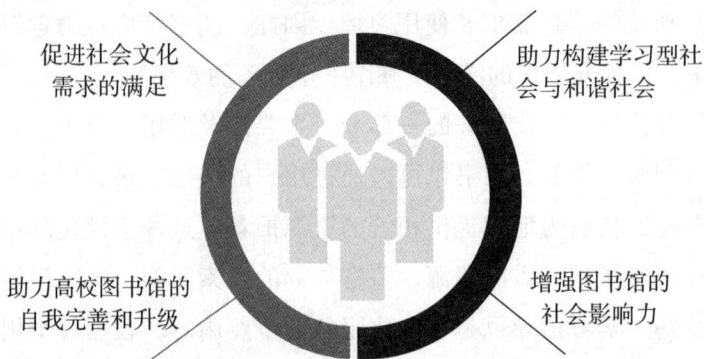

图3-2 高校图书馆社会化服务的意义

（一）促进社会文化需求的满足

自改革开放以来，我国社会经济的飞速发展使公众的需求远超基本的温饱，他们对精神文化生活和最新的科学知识产生了强烈的求知欲望。图书馆作为聚集和传播人类历史文化和知识的重要机构，是公众满足文化需求的理想场所。但由于历史条件和经济基础的限制，我国公共图书馆的建设在数量和质量上都难以全面满足公众的需求。因此，加快高校图书馆向社会化服务转型，扩大其服务用户范围，对于满足公众日益增长的文化需求具有重要意义。

（二）助力高校图书馆的自我完善与升级

近年来，随着我国政府对高等教育的重视和投入，高校图书馆取得了显著的发展。然而，公共文化服务体系的建设也对高校图书馆提出了新的挑战和高标准要求。如今的高校图书馆不仅需要解决以前尚未解决的问题，如提升社会化服务力度、提高服务满意度，还需面临新时代带来的挑战。在此背景下，政府出台了许多针对图书馆新时期建设的政策和目标要求，这些都有利于高校图书馆适应新的形势，提升自我建设水平，更好地服务于社会和公众。

（三）助力构建学习型社会与和谐社会

终身学习观念的普及直接催生了对图书馆的需求。高校图书馆作为文献信息的汇集地，拥有丰富的藏书资源和便利的网络资源，是知识传播的主要场所，具有信息服务的优势。与此同时，高校图书馆作为社会的科学文化教育机构，其向社会用户开放有助于全民学习风气的形成，也可以为个人的学习与发展创造条件，还可以帮助提升社会成员的综合素质以及整个社会竞争力。另外，高校图书馆作为文化教育的关键部分，还可以推动以大众文化为基础的文化经济产业快速发展，加速学习型社会的建立，推动社会和谐进步。高校图书馆应充分发挥其知识辐射作用，将自身发展与社会进步、文化繁荣结合在一起，减轻公共图书馆的压力，提高社会公众的学习兴趣和能力，提升公民素质，为构建公共文化服务体系，营造书香社会氛围做贡献，进而使高校图书馆的社会化服务得以延伸、深化和升华。

（四）增强图书馆的社会影响力

高校图书馆有针对性地开展社会化服务，利用大学优质的智囊团参与服务合作项目，提供知识与信息服务，将图书馆的资源用于社会，为社会发展做出贡献。例如，高校图书馆可以在寒暑假期间，与大学生共同举办"科技赶集""送书下乡"等活动，组织实用科技培训班，编印通俗易懂、实用的科技信息资料，捐赠图书资料，提高农民的科技文化素质和致富能力。高校图书馆还可以积极参与所在地区的发展计划，一方面，可以提升社会对高校及图书馆的认可和支持，提高其声誉和发展机会，推动高校与地方的融合，提升高校图书馆的社会影响力和资源辐射力，产生良好的社会效应。另一方面，还可以推动图书馆工作人员不断扩充知识，提升与社会合作的能力，让其工作充满活力，增强图书馆工作人员的参与意识、成就感和责任心，优化其工作效率，以便更好地服务于学校和社会。

第二节　高校图书馆社会化服务的主要原则

高校图书馆社会化服务既是时代发展和社会发展的客观需要，也是高校图书馆实现自身可持续发展的必然要求。高校图书馆社会化服务的开展要结合自身实际情况，遵循以下原则进行（图 3-3）。

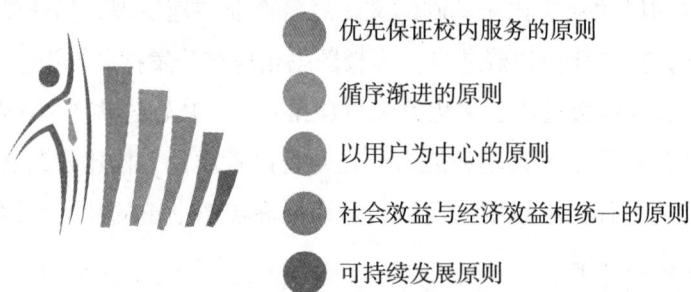

- 优先保证校内服务的原则
- 循序渐进的原则
- 以用户为中心的原则
- 社会效益与经济效益相统一的原则
- 可持续发展原则

图 3-3　高校图书馆社会化服务的主要原则

（一）优先保证校内服务的原则

高校图书馆是高等教育机构中的重要组织结构，拥有深厚的学术资源和学术研究能力，因此其核心服务对象自然是校园内的师生。图书馆在校园生活中扮演着重要的角色，为教师和学生提供学习和研究的基础支持。高校图书馆的主要职责是服务于高等教育的教学和科研工作，为师生提供必要的知识资源和学术支持，同时也是促进学科交叉、创新研究和人才培养的重要场所。为了保障基本职责的实现，高校图书馆需要保证图书馆的资源和服务首先满足本校师生的需求。这一原则在高校图书馆日常运行中得以贯彻实施，原因在于无论是图书采购、资源配置还是服务提供，都以满足本校教学科研需求为出发点，根据本校的特色和优势，合理规划和分配图书馆资源。

公共图书馆作为社会公共文化服务体系的重要组成部分，其资源整合和社会服务的职责要更加广泛和直接。在公共图书馆资源短缺的情况下，高校图书馆的社会化服务可以提供重要的补充，扩大服务范围，满足社会公众的学习和知识需求。但这并不意味着高校图书馆要转变其服务定位，放弃对本校师生的优先服务。高校图书馆在开展社会化服务的过程中，需要坚持优先保证校内服务的原则，确保校内教学科研工作的正常进行不受影响。

高校图书馆的社会化服务并非简单的资源开放，而需要在满足校内服务需求的前提下，对外部服务进行精细化管理和规划。例如，对于外部用户的使用权限、使用时间、使用范围等，高校图书馆需要有明确的规定和管理制度，避免因外部服务的开展影响校内服务的正常运行。同时，高校图书馆也可以通过科技手段，如线上服务、远程借阅等方式，来优化外部服务，提高服务效率，实现内外部服务的平衡和协调。

（二）循序渐进的原则

我国高校图书馆社会化服务在实践中已取得了一定的成绩，但同时也面临着明显的挑战。这些挑战不仅包括法律法规的完善，更涉及服务运行机制的构建、资源配置的优化、服务能力的提升等问题。正是因为这些问题的存在，使高校图书馆在推进社会化服务的过程中必须坚持循序渐进的原则。

高校图书馆社会化服务是一项系统工程，它的实施需要在宏观和微观之间找到平衡。在宏观层面，高校图书馆社会化服务必须依法进行，这就要求对现有的法律法规进行完善，以提供更好的法制保障。在微观层面，高校图书馆需要建立起一套适应自身特点和社会需求的服务运行机制，以提高服务效率和质量。即使在宏观和微观层面都做出了努力，高校图书馆社会化服务的推进过程也不可能一蹴而就。每一个高校图书馆都有其自身的资源配置和服务能力，这就决定了在社会化服务的推进过程中，不同的高校图书馆会有不同的发展节奏和方式。因此，每一个高校图书馆都需要根据自身的实际情况，有序、有度地推进社会化服务的实施，避免盲目追求全面开放。

最为重要的是，高校图书馆社会化服务的实施必须是一个系统、连续、有计划的过程，不能忽视任何一个环节，也不能忽视任何一个细节。只有这样，才能在坚持高校图书馆的初心和使命的同时，成功地实现其社会化服务的目标，为社会和人民服务，实现高校图书馆的社会价值和自身的可持续发展。

（三）以用户为中心的原则

高校图书馆社会化服务的最终目标始终聚焦于满足社会用户的知识信息需求，它是维系社会用户和图书馆的纽带，是一种促进图书馆与社会用户深度连接的桥梁。精准地了解社会用户的具体情况，有针对性地为不同类型的社会用户提供服务，这样的工作方法才能让图书馆的社会化服务真正落地，真正具有影响力。

社会用户是千差万别的。他们或来自政府部门、企业、城市社区、农村，或来自中小学。他们有着不同的知识需求、不同的信息获取方式以及不同的服务期待。因此，高校图书馆在提供社会化服务时，不能一概而论，而应根据社会用户的具体情况进行详细划分。例如，可以按照国家、职业、学历层次等标准，对社会用户进行分类，从而保证服务的多层次性和多元化。提供个性化服务并不仅仅是对社会用户进行分类，更重要的是，高校图书馆需要站在用户的角度去考虑问题，以用户的需求为出发点，以用户的满意度为归宿。这就要求高校图书馆在提供服务时，必须全心全意地为用户服务，全力以赴地满足用户的需求。无论是营造一个温馨、安静的馆内环境，还是提供一个快捷、方便的网络信息服务，甚至是提供特殊服务和个性化服务，都是为了让用户在使用图书馆的过程中，能够感受到图书馆的关心和尊重，能够真正体验到图书馆的专业和价值。

高校图书馆的社会化服务不仅是为了服务社会大众，更是为了实现图书馆的社会价值和自身的发展。因此，高校图书馆在提供社会化服务时，必须始终坚持以用户为中心的原则，努力提高服务的质量和水平。只有这样，高校图书馆的社会化服务才能真正发挥作用，才能真正满足社会用户的需求，才能真正实现图书馆的社会价值和自身的发展。

（四）社会效益与经济效益相统一的原则

高校图书馆在提供社会化服务的过程中，必须考虑成本因素，寻找到成本和效益之间的平衡点，实现社会效益和经济效益的和谐统一。实际上，高校图书馆无论是丰富的馆藏资源，还是提升技术水平、改进服务环境等各个方面的举措都离不开经济的支持。高校图书馆的建设经费都是按照一定的师生比例进行配备的，有限的经费难以大规模地满足校内读者和社会读者同时使用的需求。因此，高校图书馆可以根据本馆的综合承载能力，积极主动与当地的社区或有关企事业单位建立合作机制，科学合理地对外开展有偿服务，这样不仅可以增加本馆的资源采购经费，缓解本馆的经费紧张局面，而且可以有效地提高合作企业的生产，也能促进当地企事业单位的精神文明建设，实现经济效益和社会效益的共赢。由此可见，经济效益和社会效益是相辅相成的，它们在一定条件下是可以互相转化的。在条件成熟的情况下，高校图书馆创造的社会效益可以转化为经济效益，实现社会效益和经济效益的统一，为高校图书馆的整体发展注入新的活力。这也意味着，高校图书馆在追求社会效益的同时，也要考虑如何提高经济效益，如何利用社会化服务创造新的收益来源，以支持图书馆的长期发展。

社会效益和经济效益的统一，是高校图书馆在进行社会化服务过程中必须遵循的原则。而要实现这一原则，就需要高校图书馆在社会化服务过程中，不断探索新的服务方式，不断寻找新的合作伙伴，不断提高服务质量，不断增强服务影响力。只有这样，高校图书馆的社会化服务才能真正实现社会效益和经济效益的统一，才能真正为高校图书馆的发展注入新的活力。

（五）可持续发展原则

可持续发展原则是高校图书馆社会化服务的一个重要原则。意味着高校图书馆的社会化服务需要建立在可持续性的基础上，要考虑到未来的发展和长远的影响。高校图书馆在社会化服务的过程中，不仅需要确保自身的稳定发展，还需要寻找一个既能满足当前需求，又能保证未来需求的服务模式。

1.服务持久性

在服务持久性方面，高校图书馆的角色已经超越了传统的信息提供者，成为学习和研究的伙伴。图书馆的服务不再停留在提供图书和其他信息资源的层面，而是包括信息素质教育、学术咨询、学科服务等多元化的服务。这些服务需要持续性地提供，以满足用户长期稳定的需求。持久性的服务要求图书馆有持续性的策略和规划，例如定期评估服务效果，根据评估结果不断改进服务，以适应环境的变化和用户需求的发展。

2.政策持久性

高校图书馆的社会服务不仅需要图书馆的积极推动，还需要高校和社会的支持。在这种情况下，明确和稳定的政策显得尤为重要。政策可以从多个层面来保障图书馆的社会服务。例如，国家可以出台激励高校图书馆社会化服务的利益补偿机制、政策和措施；图书馆可以制定自身的服务政策，明确服务的内容、方式和标准，以指导日常的服务工作。政策的持久性不仅可以保证服务的连续性和稳定性，也可以为服务的发展提供方向。

3.人员结构的持久性

对于任何一个机构来说，人员结构的持久性都是至关重要的。高校图书馆也不例外，合理的人员结构能够保证图书馆服务的专业性和连续性，使图书馆能够适应快速变化的信息环境和用户需求。人员结构的持久性主要体现以下在两个方面：人员的专业性和服务的连续性。在人员的专业性方面，图书馆需要招聘具有专业知识和技能的员工。不仅包括图书信息学的专业知识，也包括信息技术、教育学、心理学等多学科的知识。只有具备专业知识和技能的员工，才能够提供高质量的服务。在服务的连续性方面，图书馆需要有长期稳定的员工队伍。员工的流动性过高，会导致服务的断裂和质量的下降。因此，图书馆需要通过各种措施，例如提供良好的工作环境和待遇，保持员工的稳定。

4.服务方式的持久性

服务方式的持久性是图书馆满足用户需求的关键。高校图书馆提供的服务方式应该多元化，这样才能够满足不同类型的用户需求。不仅包括传统的面对面服务，也包括利用现代信息技术提供的远程服务和在线服务。传统的面对面服务，如咨询服务、阅览服务、借阅服务等，是图书馆最基本的服务方式。这些服务虽然传统，但仍然具有很强的生命力，是图书馆服务的基石。而利用现代信息技术提供的远程服务和在线服务，是图书馆服务方式的重要补充。这些服务方式充分利用了现代信息技术的优势，可以提供更加便捷和个性化的服务，以满足用户对于时空无障碍访问的需求。

5.资源配置的持久性

资源配置的持久性是高校图书馆实现社会服务持久性的重要条件。图书馆需要对各种资源进行长期、系统的规划和配置，以实现资源的最大效益，保证社会服务的持久性。物质资源是图书馆提供服务的基础。合理的物质资源配置，能够使图书馆的服务更加高效、便捷。例如，对于藏书的配置，图书馆需要根据用户的需求和学科的特点，制定采购策略，确保藏书的质量和数量能够满足用户的需求；对于设备的配置，图书馆需要考虑设备的性能、稳定性和易用性，以提供便捷、稳定的服务。人力和财力资源的配置同样重要。人力资源是图书馆提供服务的主体，对于人力资源，图书馆需要根据服务内容和方式，进行岗位设置和人员分配，确保每个岗位都由专业、合适的人员担任，合理的人力资源配置，可以使图书馆的服务更加专业、个性化；财力资源是图书馆运行的保障，对于财力资源，图书馆需要制定预算，合理分配经费，保证图书馆的正常运行和服务的持续提供，合理的财力资源配置，可以使图书馆的运行更加稳定、可持续。

为了实现高校图书馆社会化服务的可持续发展，高校图书馆需要做好长期规划，明确自身的发展目标和发展战略；需要充分利用现有资源，提高资源的使用效率，减少资源的浪费；需要加强科研和技术创新，提高服务的科技含量，提升服务的附加值；需要加强人才培养，提高服务的人力资源素质，提升服务的人力资源价值。

第三节　高校图书馆社会化服务的用户需求与关系处理

一、高校图书馆社会化服务的用户需求分析

由于社会用户的需求涉及社会的方方面面，所以高校图书馆工作人员要拓宽视野，满足各类组织、个人多元化的信息需求。[①] 高校图书馆社会化服务需要对用户需求展开深入分析，才能够更好地适应社会发展，满足社会各界的需求。

---

① 楠丁，张瑞卿，春艳. 少数民族地区图书馆特色资源建设 [M]. 呼和浩特：远方出版社，2020：339.

（一）高校图书馆社会化服务的主要受众

根据高校图书馆社会化服务主要受众的特点，可以将其划分为政府服务用户、企业服务用户、城市社区服务用户、农村服务用户、中小学学生服务用户等不同类型（图3-4）。

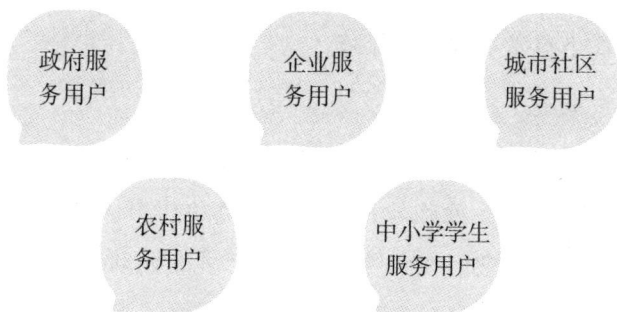

图3-4　高校图书馆社会化服务的主要受众

1.政府服务用户

作为一个多元化的服务平台，高校图书馆不仅为校内学生和教师提供信息资源，同时担当着面向社会开放的角色。其中，政府部门无疑是其重要的社会服务对象。此类用户群体的特性在于需求信息的集中性和专业性，这就要求高校图书馆能对众多分散的信息进行细致的归类和整合，以满足各政府部门不同主题的需求，从而达到信息资源优化配置的目标，并为政府提供有力的决策支持。

高校图书馆的服务并不局限于提供信息资源，更重要的是建立与政府的深度合作关系，共同创建信息资源库，进一步提升信息服务平台的全面性和便利性。这种合作模式不仅有利于充分发挥高校图书馆丰富的信息资源优势，也有助于政府决策过程中的信息收集工作。在政府决策的前期，高校图书馆可以利用自身丰富的信息资源，为政府提供大量的相关资料，协助政府快速、有效地完成信息收集工作。而在决策的过程中，高校图书馆通过运用其专业知识和技术，能协助政府宏观把握全局，预测信息发展趋势，关注可能产生的关键突发信息，从而帮助政府在必要时进行决策调整。政府决策的后期，是决策效果的反馈和检验阶段。在这一阶段，高校图书馆可以利用其先进的信息系统，帮助政府完成信息反馈工作，并为其提供后续的决策依据。通过对前期决策结果的实时追踪和评估，高校图书馆可以及时为政府提供改进建议和新的信息支持，为政府决策提供科学、有效的保障。

2.企业服务用户

企业服务用户具有涉及面广、数量大的特点。企业作为我国社会经济发展的重要推动力，面临着日益激烈的竞争压力。在这种背景下，信息情报的价值凸显，它们在市场信息、同行业企业动态、相关产品资讯、消费者信息、科技新动向、政府政策等各个方面都起到决定性的作用。

大型企业通常拥有独立的图书馆或信息部门，对行业信息和文献资料有相对先进的收集、分析能力。在为大型企业提供社会化服务的过程中，高校图书馆主要弥补其在文献资料和政府相关政策信息等方面的不足。高校图书馆可以通过提供特定领域的深度研究资料、罕见文献或独特的信息资源，来强化大型企业的信息能力，帮助它们在激烈的市场竞争中保持优势。对于大部分中小型企业，由于缺乏自身的信息部门，其在信息收集和应用方面的能力相对有限。高校图书馆在为这些企业提供社会化服务时，除了可以提供文献信息等基础服务，还有可能通过网络、调查、采访等方式，围绕企业的经营目标和发展规划进行数据收集、调研分析和专家咨询。在这个过程中，高校图书馆能够为企业提供的不仅仅是简单的数据，更是宏观经济走势预测、新产品或工艺的研发和更新速度、客户信息和需求变化等具有实际价值的信息情报。这些信息情报能帮助企业预警风险、发现机会、获取竞争优势、抢占市场，从而产生经济价值。

在企业服务中，高校图书馆不仅是信息的提供者，更是企业发展的伙伴。通过精准对接企业的信息需求，高校图书馆可以帮助企业实现信息资源利用的最大化，助推其在激烈的市场竞争中取得胜利。同时，与企业的深度合作也能够帮助高校图书馆更好地理解和满足社会化服务的需求，提升自身的服务能力和水平。从广泛的角度来看，高校图书馆在服务企业中所起到的作用，是一个深远而复杂的过程。这个过程不仅包括信息的收集、整理和提供，还涉及对信息需求的深度理解、创新服务的提供以及与企业的深度合作。这些因素相互影响、相互促进，共同构成了高校图书馆在服务企业中的价值和意义。

3.城市社区服务用户

城市社区服务用户也是高校图书馆社会化服务对象的重要组成部分。城市社区服务对象具有一定的复杂性，包括在职工作人员、需要知识帮助的下岗职工、退休或时间比较充裕的有休闲娱乐需求的用户以及不方便外出的残疾人和老年群体等。高校图书馆在为这些服务对象进行社会化服务时，要对服务对象的群体需求特征进行进一步的分析，以便使高校图书馆社会化服务的开展更具有针对性和实用性。

在职工作人员是城市社区中较为活跃的一部分，他们对管理、财经、法律、技术等方面的文献信息有着强烈的需求。高校图书馆应提供这些领域的信息，以促进他们的职业能力提升和个人价值的实现。为此，高校图书馆可以开展各类讲座、研讨会等，聘请专家、学者进行授课，帮助在职人员获取新知、拓宽视野，提升自身的专业素养。下岗职工是社会转型期的一个特殊群体，他们需要从事新的工作，但可能面临技能不足的问题。对于这部分服务对象，高校图书馆可以提供技术技能类的文献信息，以及关于就业的相关资讯。通过这样的服务，高校图书馆可以帮助下岗职工获得新的技能，提高他们的就业机会，促进他们的再就业。他们对丰富多样的休闲文化活动有着强烈的需求。针对这部分用户，高校图书馆可以通过举办音乐欣赏、名人文化讲座、书法展览等活动，提高他们的人文素养和文化内涵，丰富他们的精神生活。对于行动不便的残疾人和老年人群体，高校图书馆也应尽力提供服务。例如，可以提供视听类的文献资料，或者提供针对这些群体的个性化服务，如图书上门服务、读书会等。

4.农村服务用户

中国农村地区的公共文化资源相对缺乏，农民接触先进科技和获取科技信息的渠道也相对较少。在这种背景下，高校图书馆社会化服务能够填补这一空缺，为农民提供丰富的科技知识和信息资源。高校图书馆可以成为农民获取知识、运用知识的重要平台，帮助他们了解最新的农业动态，掌握最新的农业技术，并将这些知识应用到农业生产的实践中。对农民来说，这不仅可以提高他们的生产效率，还可以增强他们的自信心，进一步激发他们的生产积极性。

除了提供科技信息资源，高校图书馆还可以为农民提供休闲文化类的信息服务。这些服务旨在丰富农民的业余文化生活，提高他们的文化素质和人文素养。比如，图书馆可以定期举办农业科技讲座，邀请农业专家和教授分享农业知识和技术；图书馆也可以策划各种展览，让农民了解农业历史、文化和最新的农业科技成果；图书馆还可以举办各种文化活动，如阅读俱乐部、书画比赛等，来提升农民的文化素养，丰富他们的业余生活。这样的服务，不仅对农民有益，也对新农村建设和农村文化面貌的改善起到积极的推动作用。

在开展农村服务时，高校图书馆还应展现出对农民的人文关怀。这是因为高校图书馆的服务不仅仅是提供知识和信息，更是关心农民的生活，关注农民的需求。这种关怀，可以体现在图书馆提供的服务中，如图书馆可以开展关于农业政策、农村社会保障等方面的讲座，帮助农民了解政策，保护他们的权益；图书馆还可以开展农民亲子阅读活动，促进农民家庭的亲子关系，丰富农民的家庭生活。

5.中小学学生服务用户

在我国的中小学教育体系中，虽然大部分学校内部设有图书室、阅览室等设施，但规模往往不大，馆藏资源相对有限。这在一定程度上限制了中小学生获取知识信息的途径和范围。特别是在社会飞速发展的今天，知识更新迭代速度加快，中小学生对知识的需求也随之增大。仅仅依靠学校内部的图书馆，无法满足他们日益增长的学习需求。另外，国家对素质教育的重视程度也在逐步提高，对中小学生的知识考察不再局限于课本上的知识，需要他们拥有更广博的知识储备，高校图书馆能拓宽他们的知识领域，使他们有更好的自学能力和自我发展能力。这为高校图书馆向中小学生提供社会化服务提供了空间。

在面向中小学生提供社会化服务的过程中，高校图书馆需要充分考虑到中小学生的特点。例如，他们的年龄特征、阅读习惯等因素，从而有针对性地提供服务。对于不同年龄阶段的中小学生，高校图书馆需要提供不同类型的服务。对于低年级的中小学生，图书馆可以提供有趣、有教育意义的儿童图书，以吸引他们的阅读兴趣，培养他们的阅读习惯。对于高年级的中小学生，图书馆则可以提供更多的科普书籍和学术书籍，以满足他们深入学习和自我提升的需求。高校图书馆还可以为中小学生提供各种学习资源，如学科数据库、电子书籍、在线课程等，以满足他们的在线学习需求。此外，高校图书馆还可以开展各种活动，如读书俱乐部、学术讲座、研究报告等，以进一步丰富中小学生的学习生活，激发他们的学习热情，提高他们的学习效果。

（二）高校图书馆社会化服务用户需求的主要领域

高校图书馆社会化服务的用户需求主要包括以下四个关键领域（图3-5）。

图 3-5 高校图书馆社会化服务用户需求的主要领域

1.数字化和网络化服务

在现代社会中，高校图书馆面临的主要挑战之一是如何满足用户不断增长的数字化和网络化服务需求。这种需求的增长主要源于互联网和数字技术的快速发展，这种发展促使用户期望能够以更方便、更有效的方式获取和使用信息。在这样的背景下，高校图书馆需要对现有的服务进行改革和创新，以适应新的情况和满足用户的需求。随着信息交流日益广泛，信息资源的网络组织不仅加速了用户需求的社会化进程，还为用户提供了开放性的环境。①数字化和网络化服务的重要性在于，它们可以满足用户对随时随地获取信息和知识的需求。这种服务方式的好处在于，用户在任何地方、任何时间，都可以通过电子设备（如手机、平板电脑或电脑）访问图书馆的资源和服务。大大提高了用户使用图书馆服务的便利性和灵活性。在线图书检索系统是高校图书馆数字化和网络化服务的重要组成部分。这种系统可以帮助用户快速精确地找到他们需要的信息。用户可以根据作者、标题、主题等关键词搜索图书馆的所有藏

---

① 李颖.高校图书馆信息服务与大数据思维研究[M].长春：吉林出版集团股份有限公司，2022：170.

书。此外，图书馆馆藏信息的数字化，还便于用户查看图书的状态（是否可借），以及所在位置等详细信息。

高校图书馆还需要提供丰富的数字化阅读材料。这些材料包括电子书、期刊、文章等。数字化阅读材料的好处在于，用户可以在线阅读，不必去实体图书馆借阅实体书籍，而且用户可以进行全文搜索，快速找到他们需要的信息。同时，这种数字化阅读材料也可以与其他电子设备（如电子阅读器）或应用程序（如注释工具、翻译工具等）结合使用，从而提高用户的阅读体验。此外，高校图书馆还需要提供在线预定和续借服务。用户可以通过图书馆的网站或应用程序预定或续借图书。这种服务方式的好处在于，用户可以在任何地方、任何时间进行预定或续借，而不必去实体图书馆，大大提高了用户使用图书馆服务的便利性。

提供数字化和网络化服务需要高校图书馆投入大量的人力、物力和财力。图书馆需要购买并维护服务器、网络设备和其他硬件设备。同时，图书馆还需要开发和维护软件系统，如在线图书检索系统、电子资源管理系统等。高校图书馆还需要培训员工，以便他们能够有效地提供这些服务。图书馆还需要定期更新和升级系统和设备，以确保它们的稳定性和安全性。尽管提供数字化和网络化服务需要投入大量的资金，但这是高校图书馆必须面对和解决的挑战。因为只有这样，图书馆才能满足用户的需求，提高用户的满意度，提升图书馆的服务质量，而且这也是图书馆适应新的社会环境，实现自我发展和提升的必要途径。

2.个性化和定制化服务

对于现代高校图书馆而言，个性化和定制化服务显得尤为重要。考虑到图书馆社会用户群体的多样性，这一服务需求涵盖许多方面，包括个性化的信息推送、定制化的资源导航，甚至个性化的空间设计。

在高校图书馆社会化服务的过程中，用户需求的多样性和独特性必须得到充分考虑。社会用户涵盖校外研究机构、企业、公共图书馆以及个人读者等。鉴于这些用户在信息需求、学习方式、专业背景等方面的差异，图书馆提供的服务需具备个性化和定制化的特性。个性化的信息推送服务基于用户的专业背景、信息需求及使用历史等数据，为用户推送相关的图书馆资源和服务信息。举例来说，假如一个社会用户是某企业的研究员，图书馆可以根据他的研究领域，为其推送新书信息、相关学术讲座信息等。实现这一服务需要图书馆引入大数据和人工智能技术，利用对用户数据的深度分析和挖掘，精准实现信息推送。定制化的资源导航服务能够引导用户快速找到所需资源，该服务根据用户的专业需求和偏好进行定制。比如，图书馆可以为某企业的研究团队提供专门的科技资料导航服务，协助他们查找最新的科技报告、技术研究资料等。个性化的空间服务也是图书馆可以提供的重要服务。图书馆还能设立公共学习空间，供社会用户进行自主学习或小组讨论，或者提供远程接入服务，使社会用户可以在家中或者办公室远程使用图书馆的电子资源。

在实施个性化和定制化服务的过程中，保护用户隐私是一个需要注意的问题。图书馆需要在收集和使用用户数据的过程中，遵守相关的法律法规，尊重用户的隐私权。图书馆也需要向用户明确说明其数据收集和使用的目的、方法和范围，并获得用户的同意。

3. 用户培训和教育

高校图书馆不仅为用户提供丰富的知识资源，更承担着引导用户高效利用资源的责任。因此，借助各种培训和教育活动，高校图书馆需要助力用户提升他们的信息获取和处理能力，使其在面对海量的信息时，能独立地找到所需的知识，并完成学术研究和个人学习任务。

信息素养教育是图书馆用户培训和教育活动的重要内容之一。信息素养是指一个人获取、评价和使用信息的能力，它是 21 世纪的关键技能之一。高校图书馆应该通过举办信息素养讲座、开设信息素养课程等方式，教育用户如何定义信息需求、如何有效地搜索信息、如何评价信息的质量和可信度，以及如何合理使用和交流信息。这样的训练可以帮助用户形成良好的信息习惯，提升他们的学术研究和个人学习效率。高校图书馆还应该提供针对特定数据库和工具的技能培训。随着科技的发展，越来越多的数据库和工具被应用到学术研究和个人学习中，而这些数据库和工具的操作往往需要专门的技能。图书馆应该定期举办工作坊或培训课程，教育用户如何使用数据库和工具，比如，如何在特定的数据库中搜索信息、如何使用文献管理软件管理参考文献等。这样的培训可以帮助用户更有效地利用图书馆的资源，提升他们的学术研究和个人学习效率。高校图书馆还可以开展研究方法论讲座，帮助用户提升研究能力。在讲座中，图书馆可以邀请各学科领域的专家，分享他们的研究经验和方法，包括如何提出研究问题、如何设计研究方法、如何分析数据、如何写论文等。这样的讲座可以拓宽用户的研究视野，提升他们的研究能力。

想要进行有效的用户培训和教育，高校图书馆需深入了解用户的需求。此过程涉及对用户需求的持续收集、分析和反馈。这样一来，图书馆才能有针对性地设计和实施培训与教育活动，从而满足不同用户群体的需求，提升其学习和研究效率。同时，为了吸引更多用户参与，图书馆还应该通过各种渠道，比如网站、社交媒体、邮件通知等，积极宣传此类活动。

4.社区参与和协作

图书馆从来就不仅仅是一个储存和提供知识资源的地方，更是一个促进学术交流、推动知识创新的场所。在当今这个信息化、社会化时代，高校图书馆更应该成为社区的中心，提供各种社区参与和协作的机会，促进知识的共享和创新。

在社区参与方面，高校图书馆应该组织各种活动，吸引社区成员的参与，促进他们的交流和学习。例如，图书馆可以定期举办学术讲座和研讨会，邀请校内外的专家学者分享他们的研究成果和经验，引导社区成员参与学术交流。图书馆也可以举办各种文化活动，如书法展、电影放映、书籍俱乐部等，以此来丰富社区成员的文化生活，提升他们的文化素养。在协作方面，高校图书馆应该提供各种协作工具和空间，支持社区成员的协作学习和研究。例如，图书馆可以提供团队讨论室，供社区成员进行小组讨论或团队协作。图书馆也可以提供各种协作软件，如在线文档共享、实时编辑等，使社区成员可以在网络空间进行协作。同时，图书馆还可以提供各种项目管理工具，如任务分配、进度跟踪等，帮助社区成员更好地管理他们的协作项目。

高校图书馆的社区参与和协作活动不仅有利于社区成员的学习和研究，也有利于图书馆本身的发展。通过这些活动，图书馆可以了解社区成员的需求和反馈，以便优化服务和资源。这些活动也可以提升图书馆的影响力和价值，使其真正成为学术社区的中心。

二、高校图书馆社会化服务中各种关系的处理

高校图书馆社会化服务不能盲目进行，在开展的过程中妥善处理各方面的关系具有非常重要的意义，能够保证高校图书馆社会化服务的平稳、顺利进行。在高校图书馆社会化服务中，需要重点处理好以下四个方面的关系（图3-6）。

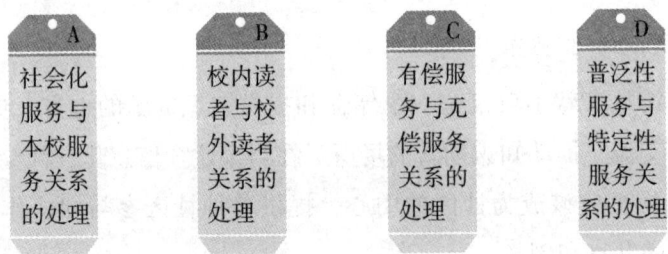

图3-6　高校图书馆社会化服务中各种关系的处理

（一）社会化服务与本校服务关系的处理

高校图书馆原来的服务范围主要在高校内，服务对象主要是高校师

生，服务内容比较注重学术性和专业性。面向社会开放后，则需要积极承担社会责任，为社会民众提供文献信息服务，在这个过程中尤其要处理好校内服务与社会开放之间的关系，有效协调彼此之间出现的矛盾。高校图书馆社会化服务过程中校内服务与社会开放之间主要需要协调处理好以下两个方面的矛盾。

1.资源分配方面

高校图书馆的文献信息、馆内空间、服务人员等方面资源都是有限的，原来只需要满足校内读者的需求，对社会开放以后面对激增的社会服务对象，在资源的分配方面难免会出现矛盾。要解决资源分配方面出现的矛盾，需要做好以下三个方面的工作：首先，政府要加大对高校图书馆的扶持力度，增加对高校图书馆资源的投入，号召社会力量加入高校图书馆社会化服务建设工作中，加大对高校图书馆文献信息、馆内设施、人力资源等方面的投资力度，有效补充高校图书馆的各项资源，以满足高校图书馆社会化服务的需要。其次，高校图书馆要优先满足校内读者的需求，保证校内读者教学和科研方面的需求。在此基础上逐步向社会开放。在高校图书馆社会化服务过程中，对社会开放要建立在一定原则和一定前提下，有选择、有限制量力而行地开放，而不是盲目、无计划地对社会全面开放，这样必然造成资源分配方面的冲突。高校图书馆对社会开放时优先满足本校师生的需求与维护公平基本文化权益的精神并不矛盾，而是从本身的实际情况出发。公民基本文化权益不是由一两个图书馆独立完成的，而是需要整个图书馆体系联合起来，有计划、有步骤地整体推进，高校图书馆只有在不影响本校师生需求的基础上，结合自己的资源情况和服务特点，有选择、有计划地向社会开放，才能保证社会化服务的有序开展。最后，高校图书馆要解决资源分配方面的矛盾，需要在图书馆行业内部进行广泛合作。高校图书馆之间、高校图书馆与公共图书馆之间、高校图书馆与基层图书馆之间要通过合作的方式，建立统一规划、统一布局、统一管理的图书馆联盟，弥补在馆藏资源、场地、服务人员等多方面的不足。促进馆际之间的优势互补，实现资源的合理配置和有效利用，发挥整体效益和联合保障方面的优势，联合推进高校图书馆社会化服务的开展。

2.资源需求方面

高校图书馆校内服务对文献信息资料的需求类别相对比较集中，具有较强的学术性和专业性。从服务的重点、文献信息资源的特点来说主要是围绕学科和专业情况来开展的，主要是为了满足科研和教学工作的需要。而高校图书馆向社会开放以后，社会读者在人员结构、知识层次等方面都要比校内服务复杂得多，相对来说在资源需求的方向、深度、广度方面也会面临巨大的差异。要改变这一状况，一方面，高校图书馆要积极转变服务观念，适当拓宽图书馆馆藏资源的类别和知识层面，满足多方面、多层次的需求。高校图书馆应适应社会读者群体的变化，契合社会读者的需求来进行馆藏文献资源的有益补充。围绕服务内容的变化、读者群体的变动和图书馆不断变化的实际需求来适当补充合适的文献信息资源，以新的文献信息资源取代过时的、不适用的文献信息资源，剔除利用率特别低或者已经失去使用价值和现实意义的文献信息资源，优化高校图书馆的资源，使图书馆的资源结构更加合理，能够综合满足校内服务和社会化服务的综合需求。另一方面，高校图书馆要进行数字资源建设，充分利用数字化、网络化，突破资源需求、地域、时间等方面的限制，为读者提供更加丰富的云服务项目，满足社会读者不同层次的多种需求。网络与数字技术的应用使高校图书馆社会化服务发生了翻天覆地的变化。图书馆作为服务的提供方，应当站在用户的立场上分析和了解用户的信息资源需求，并主动为用户提供多方面的服务扩大服务领域，还要利用信息技术为用户提供有价值、有意义和有深度的高层次服务。

104

（二）校内读者与校外读者关系的处理

高校图书馆社会化服务面对的服务对象是社会用户，这样高校图书馆的服务对象就形成了校内读者和校外读者两大群体。如何理顺两者之间的关系，是高校社会化服务开展过程中需要重点解决的问题。

校内读者是高校图书馆优先服务的对象，也是高校图书馆最基础的服务用户。这一部分客户群体在文献需求、知识层次等方面都比较固定。校内读者群体主要包括教师读者群体和学生读者群体两大类。校内读者按照服务需求的层次分为学习型、研究型和应用型三大类。学习型读者对于自己所要学习的知识一般都列有一定的步骤和计划，在知识的认识和深化方面需要一个循序渐进的过程。针对这一类型的读者要结合其知识水平来提供文献信息资料服务，既不能过于专、深，超出学习者的接受能力，又不能提供落后于其知识水平的文献信息资料，一般应围绕知识所属专业进行合理范围内的推荐。研究型读者一般对文献信息资源的需要出于完成科研课题的目的，需要结合课题的具体阶段，例如选题阶段、调研阶段、总结阶段、评审阶段等不同阶段进行相关信息文献资源的服务。应用型读者所需要的信息文献资源一般涉及的学科和专业比较广泛，他们需要从众多的文献资料中获取有用的信息，来帮助他们形成自己的知识体系，并应用于实践工作中。这一类型的读者需要的多是关于文献信息资源的咨询服务，由于资料的涉猎面比较广，需要馆内工作人员进行协助查找。总之，高校图书馆对校内读者的服务主要是围绕教学与科研来开展的，服务内容相对比较简单，高校图书馆的软硬件资源、办馆宗旨、各项服务在建立之初都是按照校内读者的需求来进行设置的。

校外读者是高校图书馆社会化服务开展以后所面对的校外读者群体。校外读者群体相对校内读者群体来说数量众多，知识结构层次更为复杂，对文献信息资源的需求呈现出多样化的特点。校外读者群体一般包括企事业单位工作人员、社区居民、中小学生等。校外读者类型相对校内读者类型更为多元化、复杂化，除包括校内读者类型中的学习型、研究型、应用型读者群体外，还包括管理型读者、休闲娱乐型读者、技术型读者、农业型读者等多种类型的读者群体。管理型读者一般要求提供方案咨询服务，即对所查到的信息进行二次加工或提供综述、述评等浓缩的三次文献信息，他们对信息的需求呈现时效性、完整性和连续性的特点，并强调信息的时效性；娱乐性读者群体需要提供休闲娱乐方面的文献信息资料和相关服务，这部分的读者多是为满足个人精神需求和情绪调节的需要而来，高校图书馆除提供休闲娱乐方面的文献信息资料外，还可以举办音乐会、绘画欣赏、棋牌类等艺术休闲活动，丰富休闲娱乐的内容和形式，以先进的理念引导公众形成积极健康的休闲生活方式；技术型读者一般需要的文献信息资料比较具体，往往是为解决具体问题、具体任务所需要的特定信息，例如技术方法、实施数据、产品样本等方面的文献信息资源，这类文献信息资源对准确性、新颖性和可靠性方面的要求比较高，需要馆内工作人员能够稳、准、快地提供新颖的情报信息给读者，方便技术性读者的使用；农业型读者需要掌握国家关于农业方面的相关政策、农业种植养殖方面的信息技术新动态以及关于农林牧副渔等多种经营方面的信息。高校图书馆工作人员要利用馆内文献信息资源的优势，为农业型读者提供相关的服务。

在高校图书馆社会化服务过程中，处理好校内读者和校外读者的关系显得尤为重要。如何在满足校内读者的需求，提供他们所需要的教学科研资源的同时，又能有效地服务校外读者，满足他们多元化的需求，是一大挑战。首要的是确保服务的公平性和公正性，这是处理好两者关系的基础。公平性体现在服务的提供上，无论用户身份如何，图书馆都应当提供公平、公正、高质量的服务。同时，图书馆还需要在资源和服务上，针对校内外读者的不同需求进行有针对性的区分，如为校外读者单独设立资源数据库、阅览区域等，以满足他们对资料查询和学习环境的需求。此外，服务时间的优化也能有效避免在高峰时段读者对资源的争抢，例如在校内读者非高峰时段，优先开放图书馆资源和服务给校外读者使用。除此之外，建立反馈机制，通过用户的反馈了解和改善图书馆的服务，是解决校内外读者可能存在的问题和矛盾，从而改进服务，提升用户满意度的重要手段。对于校内和校外读者，图书馆还需要提供相应的培训和引导，帮助他们理解和适应图书馆的规则和服务方式，以提升他们的服务体验。高校图书馆在资源调配上也需要花费一番思考。针对两种不同类型的读者，图书馆可以根据他们的需求和特点，进行资源的调配和优化，以确保资源的合理分配和使用。这些策略的实施，将有助于处理好校内读者和校外读者之间的关系，促进图书馆服务的公平性和公正性，提升图书馆的服务质量。总的来说，高校图书馆要以开放的态度面对社会，积极满足不同类型用户的需求，这既是其责任，也是社会化服务的必然趋势。

（三）有偿服务与无偿服务的关系处理

在高校图书馆社会化服务过程中需要处理好有偿服务和无偿服务之间的关系。关于高校图书馆向社会开放应采用有偿服务还是无偿服务并没有特别明确的规定，在社会化服务过程中，需要结合本校的实际情况，理顺有偿服务和无偿服务之间的关系，有选择、有原则地进行采用。有偿服务是指图书馆通过开发利用图书馆资源（文献资源、人力与智力资源、设备与场地资源等），或开展其他社会生活、社会生产和社会经济活动，为特定的读者和社会需要提供服务并收取一定费用的行为。无偿服务指的是图书馆不收取费用的服务。

对于高校图书馆来说，有偿服务可以在一定原则和一定范围的限制下进行，针对专题咨询服务、文献代查和代译等工作采取有偿服务形式。

高校图书馆的有偿服务方式有利于图书馆的经费补充，从而拓宽高校图书馆的服务领域和范围，加快高校图书馆资源共享的实现，以及其现代化建设，促进高校图书馆的可持续发展。此外，高校图书馆有偿服务形式的采用能够调动图书馆工作人员的积极性和责任心，促使其自觉学习图书馆方面的新知识和新技术，并将其应用到图书馆的服务工作中，从而提高高校图书馆社会化服务的质量和水平。高校图书馆还应该注重高层次的有偿信息服务，因为低层次的信息服务对馆内的硬件设施使用频率比较高，极易引发有偿服务和无偿服务之间的矛盾，并且受到服务质量与经济效益方面的限制。同时，随着信息化的发展，高校图书馆社会用户对信息的需求也会不断提高，他们更需要全方位的、个性化的经过深加工之后的高层次信息产品。这也为高校图书馆无偿服务和有偿服务错开了一定的层次，避免了可能发生的冲突。

正确处理高校图书馆社会化服务中有偿服务与无偿服务的关系，需要加深对两者关系的认识。一方面，有偿服务和无偿服务只是高校图书馆两种不同的服务形式，两者之间是辩证统一的关系，相互影响、相辅相成。无偿服务的开展能够为有偿服务奠定基础，有偿服务的推行，能够有效解决高校图书馆的经费问题，得以在图书馆基础设施、技术设备等方面改善提高，进而为无偿服务的开展提供必要的物质基础和基本条件。另一方面，高校图书馆的有偿服务和无偿服务之间又存在一定的矛盾。有偿服务是经济利益的体现，而无偿服务更注重的是社会效益。在高校图书馆社会化服务中只有正确把握有偿服务和无偿服务的关系，才能更好、更快地推进高校图书馆社会化服务工作的开展。

（四）普泛性服务与特定性服务的关系处理

在高校图书馆社会化服务中，还要处理好普泛性服务和特定性服务之间的关系。所谓普泛性服务与特定性服务，是根据信息服务的层次和质量所划分的信息服务形式。普泛性服务指的是在高校图书馆社会化服务过程中针对普通读者所提供的基础性、大众化的信息资源服务。特定性服务是高校图书馆社会化服务过程中针对特定用户所提供的具有较高价值的特殊信息资源服务。普泛性服务与特定性服务在许多方面存在差异：首先在服务类型和信息服务层次方面。普泛性服务的服务类型是高校图书馆社会化服务中普遍性的社会读者群体，其所要求提供的信息服务层次知识面比较广泛，信息服务的层次比较简单、大众化；特定性服务的服务对象类型多为研究人员或企业专门的技术人员等，他们所要求提供的信息服务层次水平较高、专业性较强。其次在信息需求服务方式方面。普泛性服务的服务需求往往是常规性的、一般性的借阅服务，无偿服务的方式居多；特定性服务的服务需求经常是创造性的劳动，需要图书馆工作人员对特定的文献信息资源进行收集、加工和创新，应该相应采取有偿服务的形式。最后在服务范围的侧重方面。普泛性服务一般侧重地域性的服务，读者以高校图书馆周围区域的社区读者为主；而特定性服务则侧重于某一行业内的专业性知识和服务，不局限于一定的地域范围，一般以与本校特色专业相近的行业为主。

　　高校图书馆社会化服务既要为读者提供普泛性服务，又要满足部分读者的特定性服务需求。在高校图书馆资源有限的情况下，两者之间势必会产生一定的矛盾。如何协调普泛性服务与特定性服务之间的矛盾，实现资源的优化配置和合理分配至关重要。一方面，高校图书馆作为高等教育的组织机构具有普及基础性知识、进行大众化教育的教育功能，因此具有广泛群众基础的普泛性服务的开展是非常必要的，其能够有效促进高校图书馆社会化服务中基础性知识的普及和应用；另一方面，特定性服务往往是高校学科专业特色的外在体现，代表的是高校图书馆的核心竞争力，能够有力促进地方经济和行业经济的发展。因此，高校图书馆社会化服务过程中不能忽视特定性服务，而应该对信息进行充分挖掘和利用，为特定的读者群体提供深层次的、个性化的文献信息资源服务，打造高校图书馆的特色服务品牌，为高校图书馆社会化发展注入生机和活力。地方高校图书馆要以服务地方经济为主；专业特色图书馆要提供特定专业服务，充分发挥自身的专业信息优势。无论普泛性服务抑或特定性服务，都是高校图书馆走向社会的服务目标。

第四节 高校图书馆社会化服务的服务标准

高校图书馆社会化服务的服务标准是评价其服务质量和服务效率的重要依据。高校图书馆社会化服务的标准涵盖五个关键要素：服务质量度量、知识资源的广泛性、用户隐私保护、服务可达性和服务更新。通过严格设定和遵守这些标准，图书馆能提供高效且用户满意的社会化服务，同时能确保服务的持续优化和创新。标准的设立和实施，能帮助图书馆适应新的科技发展和社会环境，更好地满足广大用户的多元化需求。

一、服务质量度量

图书馆服务质量是图书馆向读者提供服务过程中的服务行为和服务环境的具体体现[①]。图书馆服务是以满足用户需求、为用户解决问题为主要方向，因此高校图书馆的社会化服务质量应制定明确的度量标准、选择科学的度量方法、建立有效的管理制度，才能真正提高服务效率，提升服务满意度，达到社会化服务的目标（图3-7）。

制定明确的度量标准　选择科学的度量方法　建立有效的管理制度

图3-7 高校图书馆社会化服务的服务质量度量

① 李建明 . 高校图书馆阅读推广与服务机制构建 [M]. 北京：航空工业出版社，2019：106.

（一）制定明确的度量标准

度量标准是一种可量化和可比较的工具，用于评估和衡量服务的质量和效率。对于高校图书馆的社会化服务来说，度量标准包括服务响应时间、用户满意度、资源利用率、数字化资源的访问量、文化活动的参与度等。制定度量标准的过程需要深思熟虑和周全的计划。以下是制定度量标准的基本步骤：

1.明确服务目标

高校图书馆的服务目标是其所有工作和决策的核心与导向。因此，明确服务目标是制定度量标准的首要步骤。对于图书馆的社会化服务来说，目标可以包括提高用户满意度、增加资源的使用率、提高服务的响应速度或者增加用户的参与度等。为了明确服务目标，图书馆需要进行深入的用户研究和需求分析，理解用户的需求和期望，从而设定符合用户需求的服务目标。同时，图书馆还需要关注其自身的情况和环境因素，考虑资源、技术、政策等因素的影响，以确保设定的服务目标既有挑战性又具有可实现性。

2.确定度量指标

度量指标是实现和评价服务目标的具体工具，是制定度量标准的第二个重要步骤。度量指标需要与服务目标直接相关，且具有可度量性和可理解性。根据服务目标，图书馆可以确定各种不同的度量指标。例如，如果目标是提高用户满意度，那么度量指标可能是用户满意度调查的结果或用户投诉的数量。如果目标是增加资源的使用率，那么度量指标可能是资源的借阅次数或在线资源的访问次数。在确定度量指标时，图书馆需要保证其既具有量化的标准，如数值或比例；又具有定性的描述，如满意度或感知等，以便全面地评价服务质量。

3.收集和分析数据

确定度量指标之后，图书馆需要制订数据收集的计划和方法。数据收集的方法包括用户调查、系统日志、使用统计等。此外，图书馆还可以考虑使用新的数据收集和分析工具，如大数据和数据挖掘等，以提高数据收集的效率和精确度。数据收集之后，图书馆需要进行数据分析，以理解服务的实际表现和影响因素。数据分析包括描述性统计、关联分析、趋势分析等。通过数据分析，图书馆可以从大量的数据中获取有价值的信息和知识，从而更深入地理解服务的状况和问题。

4.解读和改进

数据分析的结果需要图书馆进行解读，并根据解读结果进行服务的改进。这是制定度量标准的最后一个重要步骤，也是提升服务质量的关键步骤。在解读数据分析结果时，图书馆需要注意数据的整体趋势和特殊情况，以及理解数据的含义和影响，并关注问题的原因和影响。解读结果可以帮助图书馆发现服务的优点和问题，从而提出改进的建议和方案。服务的改进包括改变服务的方式、改进资源的配置、提供新的服务等。通过改进，图书馆可以持续提高服务质量，从而更好地满足用户的需求。

通过上述四个步骤，高校图书馆可以制定明确的度量标准，有效地度量和提升其社会化服务的质量。然而，制定度量标准并不是一次性的工作，而是一个持续的过程。随着环境和需求的变化，图书馆需要不断调整和更新其度量标准，以保持其服务的质量和效率。

（二）选择科学的度量方法

通过选择科学的度量方法，可以更精确、更全面地度量服务质量，从而更好地发现问题，改进服务。选择科学的度量方法的过程涉及多个方面。

理解和分析度量需求是选择度量方法的基础。度量需求来源于服务质量的度量标准和图书馆的实际情况。对于每一个度量标准，都需要选择一个或者多个适合的度量方法。例如，对于服务响应时间这个标准，可以选择时间记录法来度量；对于用户满意度这个标准，可以选择满意度调查法来度量。同时，也需要考虑图书馆的实际情况，例如资源、技术、人员等，选择可以实施的度量方法。

在选择度量方法时可以参考相关的理论和模型，以及其他图书馆的经验。服务质量研究中有许多成熟的度量模型，例如服务质量评价模型（SERVQUAL 模型）、平衡计分卡、数据包络分析等。这些模型都提供了系统的度量框架和方法，可以根据需要选择和使用。例如，SERVQUAL 模型就提供了五个服务质量维度的度量方法，可以用来度量用户的期望和感知的服务质量差距。平衡计分卡则提供了从财务、用户、内部流程和学习成长等多个方面度量服务质量的方法。选择度量方法时，还需要考虑方法的有效性和可靠性。有效性是指度量方法可以准确地反映服务质量；可靠性是指度量方法在不同的条件和时间下，都可以得到一致的结果。对于每一个度量方法，都需要通过理论分析和实证测试，验证其有效性和可靠性。如果方法的有效性或者可靠性不高，那么得到的度量结果就可能有偏差，不能准确地反映服务质量。选择度量方法也需要考虑方法的易用性和成本。易用性是指度量方法容易实施，不需要过多的资源和技术；成本是指度量方法需要的资源和时间。一般来说，易用性高、成本低的度量方法更容易在实践中推广使用。但是，也需要考虑到方法的有效性和可靠性，不能仅仅因为方法简单、便宜就选择它。

需要注意的是选择的度量方法应适应度量的变化。服务质量的度量是一个动态的过程，随着服务环境和用户需求的变化，可能需要调整度量方法。例如，随着科技的发展，可能需要引入新的度量技术，例如数据挖掘、大数据分析等。因此，选择度量方法时，不仅需要考虑当前的需求，还要考虑未来的发展。

（三）建立有效的管理制度

有效的管理制度可以使高校图书馆社会化服务质量度量的过程更加

有序、高效，更能适应变化，从而更好地提升服务质量。

高校图书馆社会化服务质量度量管理制度主要涉及以下两个方面：内部管理和外部监管。内部管理主要是图书馆内部对服务质量度量的组织和执行，如如何制订度量计划、组织实施度量、分析度量结果、改进服务等。外部监管则是对图书馆服务质量度量的检查和评估，如社会审计、用户反馈等。对于内部管理，首要任务是明确组织结构和职责，需要确定一个专门的部门或者小组来负责服务质量度量的工作，例如质量管理部门。这个部门或者小组需要明确的职责和权限，能够独立进行度量工作，而不受其他部门的干扰。同时，也需要明确其他部门和员工在服务质量度量中的角色和责任，如提供数据、参与讨论等。接下来，需要制订详细的度量计划和流程。度量计划应包括度量的目标、方法、时间、人员等内容。度量流程则应描述如何执行度量计划，包括数据的收集、处理、分析、报告等各个步骤。度量计划和流程应明确，且易于理解和执行，可以帮助员工更好地进行度量工作。对于外部监管，需要建立有效的检查和评估机制。例如，可以定期邀请外部专家进行审计，检查图书馆的服务质量度量是否符合规定、是否有效。同时，也可以设立用户反馈渠道，收集用户对服务质量的评价，以此作为度量结果的一个重要参考。这种对内部度量结果的第三方验证，可以提高度量的公正性和准确性。

管理制度还需要强调持续改进。度量的目的不仅是发现问题，更是改进服务。因此，需要在制度中明确改进的流程和责任。例如，可以设立专门的改进小组，负责根据度量结果提出改进措施，然后监督改进的执行和效果。不可忽视的是，管理制度本身也需要持续更新。随着服务环境和用户需求的变化，以及科技和管理理念的发展，管理制度也需要定期审查和调整。例如，新的度量技术的引入可能需要调整度量流程；新的管理理念的采纳可能需要调整组织结构。

二、用户隐私保护

在信息社会中，保护用户的隐私信息成为高校图书馆不可忽视的责任。图书馆经常需要处理大量的用户个人数据，比如他们的借阅历史、个人信息、网络行为等。如果这些信息被不当使用或泄露，可能对用户的生活产生严重影响。因此，图书馆必须采取相应的措施，保护用户的隐私。

用户隐私保护的实施手段主要包括数据最小化原则、数据匿名化处理、用户授权以及定期数据清理等。数据最小化原则是指图书馆在处理用户数据时，只需收集和使用必要的数据，而不是收集用户的所有数据。数据匿名化处理则是将用户数据进行处理，使单个数据无法与特定的用户关联。用户授权则是要求图书馆在收集和使用用户数据时，必须获得用户的同意。定期数据清理则是要求图书馆定期删除或者清理不再使用的用户数据。

由于科技的快速发展，新的隐私问题和威胁不断出现。比如，大数据、人工智能等技术可能会使用户隐私保护的工作变得更为复杂。很多用户对隐私保护的重要性缺乏认识，可能会轻易地泄露自己的隐私信息。

三、服务可达性

服务可达性是一个复杂的问题，涉及服务的渠道、设施、公平性、连续性、稳定性等多个方面。高校图书馆应当全面考虑这些因素，努力提高服务的可达性，确保所有的用户都能够方便地获取和使用服务。服务可达性主要体现在以下几个方面：

服务渠道是服务可达性的基础。一个好的服务应当通过各种渠道，使用户可以在任何地方、任何时候都可以获取服务。例如，对于实体图书馆，应提供良好的场地设施，使用户可以方便地到图书馆来借书、阅读、学习。对于线上服务，应提供易用的网站和移动应用，使用户可以在家中、学校、公共交通等任何有网络的地方使用该服务。服务设施是服务可达性的重要组成部分。对于实体图书馆，设施的设计应当考虑到所有用户的需求。例如，应有足够的阅读位置，满足用户阅读的需要；应有合理的书架布局，使用户可以方便地找到所需的书籍；应有无障碍设施，满足残障用户的需求。对于线上服务，应有良好的用户界面和功能设计，使用户可以方便地搜索、阅读、下载资源。服务的公平性也是服务可达性的一个重要指标。所有的用户，无论他们的身份、地位、学科、年龄、性别、能力等，都应当有平等的权利来获取和使用服务。图书馆应当尊重和保障这个原则，避免任何形式的歧视和不公平。例如，资源的采购和服务的设计都应当考虑到各类用户的需求，而不仅仅是某一部分用户。服务的连续性和稳定性也是服务可达性的重要因素。用户期望服务是持续的、稳定的，不会因为各种原因而被中断。例如，实体图书馆的开放时间应当尽可能地长，以满足用户不同的学习和工作节奏。线上服务的系统和网络应当稳定可靠，避免服务中断。当出现问题时，高校图书馆应有快速、有效的问题解决机制，将对用户的影响降到最小。

四、服务更新

高校图书馆承担着传播知识、服务社会的重要使命。在当前这个信息化、网络化的时代，科技的飞速发展为高校图书馆带来了更高的要求和更多的可能性。高校图书馆服务更新是其社会化服务标准的重要指标。具体来说，可以从引入新技术、提供个性化服务、优化服务规则等多方面进行。

在引入新技术方面，人工智能等先进技术的运用，可以极大地提升高校图书馆的社会化服务质量。例如，通过人工智能进行智能检索，可以为读者提供更准确、更高效的检索结果，节省他们寻找信息的时间。

又如，人工智能可以根据读者的阅读历史和兴趣爱好，为其推荐相关的书籍或资料，从而提高其阅读的满意度和效率。个性化服务的提供，也是服务更新的重要内容。随着读者需求的多样化，图书馆需要提供更为贴心、个性化的服务，以满足不同读者的需求。例如，针对视障读者，图书馆可以提供有声书或者电子书籍的下载服务。针对外语专业的学生，图书馆可以开设外文图书阅览区。针对需要深度研究的读者，图书馆可以提供专题研究服务，提供相关领域的专业书籍和资料。

服务规则的优化和更新是适应新社会环境和用户需求的必要举措。随着社会环境和用户需求的变化，高校图书馆的服务规则需要进行相应的调整和更新。例如，随着电子书籍和网络资源的普及，图书馆需要修改服务规则，为读者提供电子书籍的借阅服务。又如，为了保护读者的隐私权，图书馆需要对服务规则进行更新，明确规定图书馆如何收集、使用和保护读者的个人信息。

科技发展日新月异，高校图书馆作为知识的守护者和传播者，需要通过服务方式和内容的更新，适应时代的发展，满足社会的需求。这种更新不仅涉及技术的运用，还包括对服务理念、服务内容、服务规则的创新和改进。只有如此，高校图书馆才能始终保持其活力，满足广大读者的需求，更好地履行其社会责任。

实践创新部分

第四章　学科服务实践中的战略设计与资源整合

第一节　高校图书馆学科服务的战略规划

在高校图书馆的学科服务中，战略规划起着至关重要的作用。其可以确定学科服务的目标和方向，指导图书馆的资源配置和服务活动，推动学科服务的持续改进和发展。

一、制定学科服务战略规划的关键因素

制定高校图书馆学科服务战略规划的关键因素包括用户需求分析、学科特性研究、资源状况评估和环境分析等，高校图书馆需要通过对这些因素的深入分析和研究，制定出符合实际情况、满足用户需求、有利于提高服务质量的战略规划（见图 4-1）。

图 4-1　高校图书馆学科服务战略规划的关键因素

（一）用户需求分析

用户是高校图书馆学科服务的直接受益者，理解用户的需求有助于图书馆为其提供更加精准、高效的服务，进而提高其满意度和使用率。对学科服务而言，及时了解用户的核心需求是必要的。对于高校图书馆来说，用户主要包括学生、教师和研究人员等，他们对图书馆服务的需求可能各不相同。例如，学生可能更加关注图书馆的学习空间和自学资源，而教师和研究人员则可能更加关注专业数据库和文献检索服务。因此，图书馆在进行用户需求分析时，需要对不同用户群体的需求进行细分，以便更准确地了解各类用户的需求。

用户需求的内容通常包括对信息资源、服务方式和服务时间等多个方面的需求。对于信息资源，用户可能关注资源的种类、数量、更新速度、获取方式等因素；对于服务方式，用户可能关注服务的便捷性、个性化程度、人性化程度等因素；对于服务时间，用户可能关注图书馆的开放时间、服务的响应时间等因素。高校图书馆可以通过多种方式进行用户需求分析。问卷调查是一种常用的方式，它可以收集大量的数据，便于后续的统计分析；访谈则可以深入了解个别用户的需求，获取更详细、更具体的信息；座谈会可以让图书馆与用户进行面对面的交流，了解用户的需求和建议，并对一些问题进行即时的回应和解答。其他方法还有观察法、实验法等，在此不再赘述。

在进行用户需求分析时，还需要注意以下三点：一是要尽可能全面地了解用户需求，不仅要关注用户的显性需求，也要关注用户的潜在需求；二是要注意用户需求的动态变化，随着社会环境、技术环境的变化，用户的需求也可能会发生变化，图书馆需要及时跟进，做出相应的调整；三是要充分利用各种渠道收集用户需求，例如，除了问卷调查、访谈、座谈会等方式外，还可以通过用户反馈、投诉等方式获取用户需求。

（二）学科特性研究

学科特性研究是制定高校图书馆学科服务战略规划的重要步骤。通过深入了解各个学科的特性，图书馆可以制定出更适应学科需求、更符合学科特性的战略规划，以便更好地满足用户的需求。

在理解学科特性的过程中，关注不同学科的信息需求至关重要。例如，理工科学科由于其研究性质，通常对实时的、数据密集的电子资源有更高的依赖度，包括各类专业数据库、电子期刊、科技报告、会议录、专利文献等。它们需要快速、便捷地获取到大量的数值数据和技术信息，用以支持其理论探索和实验研究。人文社科学科通常更注重历史背景、理论观点的深入探讨，因此可能更依赖于图书和期刊等形式的文本资源。人文社科的研究往往需要时间积淀和深度思考，对于一部具有深度的专著或者一篇具有独特见解的学术论文，学者们可能需要反复研读、深入挖掘。此外，他们还可能需要大量的史料、案例等用于参考和引证。了解了不同学科的信息需求后，图书馆可以根据学科特性进行有针对性的资源建设，合理配置各类信息资源，确保每个学科的信息需求得到有效满足，提升图书馆服务的效能和效果。

高校图书馆在制定学科服务战略规划时，也应密切关注学科的发展趋势和研究热点。随着科技的快速发展，学科的发展趋势和研究热点也在不断变化，这就要求图书馆能够快速响应，及时更新服务内容和信息

123

资源。例如，随着人工智能、数据科学等新兴学科的兴起，大量的相关数据库和资源成为新的信息需求。面对这种情况，图书馆应该及时跟进，主动采购相关的数据库和资源，提供相关的服务，如数据分析、数据可视化等，以支持这些新兴学科的教学和研究。对于一些传统学科，由于科研方法和研究视角的变化，也可能出现新的研究热点。例如，近年来，许多人文社科学科开始尝试利用大数据、人工智能等新技术进行研究，这就需要图书馆提供相关的数据资源和技术支持。

（三）资源状况评估

高校图书馆资源不仅仅包括实体的书籍和期刊，还包括电子书籍、数据库、多媒体资料、专利信息等，这些都是高校图书馆学科服务的基础。在资源状况评估中，应深入了解现有资源的数量、质量、更新速度、使用状况等，为战略规划提供依据。高校图书馆的资源状况评估可以从以下几个方面进行。

1. 数量评估

高校图书馆的数量评估涉及图书馆所拥有的各种资源的总量，包括但不限于实体书籍、期刊、报纸，以及电子资源如电子书、数据库、电子期刊、学术论文等。对于数量评估，要进行详细、全面、深入的调查和统计，以确保评估结果的准确性和完整性。

数量评估的过程中，需要收集和整理图书馆资源的各类数据，如图书、期刊、报纸和电子资源的种类、数量等，对于电子资源，还需要了解其订购方式（如单独订购、套餐订购）、使用方式（如在线使用、下载使用）等。数量评估的结果直接影响图书馆能提供的服务范围和水平。资源数量的多少，直接决定了图书馆能够满足多少用户以及用户哪些类型的需求，影响到图书馆服务的全面性和深度。例如，资源数量丰富的图书馆，可以提供更多元化、更专业化的服务，能满足用户更广泛、更深入的需求。

2. 质量评估

质量评估则侧重于对图书馆资源的学术价值和用户满意度进行的评估，主要涉及资源的时效性、专业性、独特性等因素。

时效性是指资源的更新速度和新旧程度。例如，科技图书和期刊的更新速度快，需要频繁购买新书和新刊以保持其时效性。而对于一些经典的人文社科书籍，则可能不需要频繁更新。专业性是指资源的专业水平和深度。专业性强的资源，能够为用户提供更深入、更专业的信息，以满足他们的专业需求。专业性的评估，需要考虑资源的作者、出版社、内容等因素。独特性是指资源的稀缺性和独特性。具有独特性的资源，能够为用户提供无法从其他地方获得的信息，满足他们的特殊需求。独特性的评估，需要考虑资源的来源、内容、形式等因素。

3. 更新速度评估

在信息爆炸的时代，知识更新速度极快，特别是在科技领域，旧的信息和数据迅速被新的取代。因此，图书馆的信息资源也必须时刻保持更新，以满足用户的需求。

更新速度评估包括两个方面。一是新书入库速度，主要是指从选择图书、采购、目录制作到最终上架供用户使用的整个过程所需要的时间。这个过程的速度直接影响到图书馆能否及时为用户提供最新的图书资源。二是电子资源的更新速度，包括电子书、数据库、电子期刊等。由于电子资源的更新通常由出版商或提供商负责，图书馆需要关注的是新内容上线的速度以及是否有及时、准确的更新通知机制。

更新速度评估不仅能让图书馆了解自身资源更新的情况，也能帮助其了解在各种资源中，哪些更新速度快，哪些更新速度慢，是否存在需要改进的地方。例如，如果某些图书从采购到上架的时间过长，可能需要检查采购、编目等环节，来查找"瓶颈"，改进流程，以提高效率。

4.使用状况评估

使用状况评估是衡量图书馆资源被利用情况的重要手段，这可以从借阅率、电子资源访问量等多个角度进行。

借阅率是衡量图书馆图书被借阅情况的重要指标，包括总借阅量、人均借阅量、各类图书的借阅量等。高借阅率说明图书馆的资源被广泛利用，低借阅率可能需要图书馆进一步分析原因，是因为图书馆的藏书不符合用户需求，还是因为其他原因，如开放时间、借阅规则等。电子资源访问量则主要关注数据库、电子书、电子期刊的访问情况。除了总访问量外，还可以分析各类资源的访问量、访问峰值时间、用户访问行为等，以了解用户的需求和习惯。使用状况评估可以帮助图书馆了解哪些资源被广泛使用，哪些资源使用率低，从而针对性地调整资源配置，提高资源利用率。例如，对于使用率低的资源，图书馆可以通过提高其知名度，改进其访问方式等方法提高其使用率；对于使用率高的资源，图书馆应保证其数量充足和及时更新，以满足用户需求。

（四）环境分析

通过深入的环境分析，高校图书馆可以了解自身和环境的情况，找到自身的优势和劣势，抓住机会，应对威胁，为制定、实施和调整战略规划提供有力的支持。环境分析主要包括内部环境分析和外部环境分析。

1.内部环境分析

内部环境分析主要关注图书馆自身的优势和劣势。优势可能包括强大的资源储备、熟练的技术人员、良好的服务态度等；劣势可能包括资金不足、设施陈旧、人员缺乏等。了解自身的优势和劣势，可以帮助图书馆找到自身的竞争优势，改善自身的不足，更好地服务于用户。

2.外部环境分析

外部环境分析主要关注机会和威胁。机会可能来自技术进步、政策支持、用户需求变化等；威胁可能来自竞争激烈、用户需求变化、资源紧缺等。了解外部的机会和威胁，可以帮助图书馆抓住机遇，应对挑战，形成自身的竞争策略。

内部环境分析和外部环境分析常常被结合起来进行，形成了所谓的 SWOT 分析，即优势（Strengths）、劣势（Weaknesses）、机会（Opportunities）和威胁（Threatens）。通过 SWOT 分析，高校图书馆可以清晰地了解自身和环境的情况，为制定学科服务战略规划提供有力的依据。

二、学科服务战略规划的目标设定

高校图书馆学科服务的战略规划目标不仅仅涉及提供信息服务，也需要考虑图书馆如何参与到学科的研究和教学活动中，成为学科发展的合作伙伴。在明确这个目标后，学科服务就不再是一个被动的角色，而是成为推动学科发展的重要力量。高校图书馆应主动提升自己的服务，特别是向学科服务转变，更好地融入学校的教学和科研活动中，为教学和科研提供深层次信息服务，为高校的学科建设做出应有的贡献。[①] 高校图书馆学科服务的战略规划目标可以具体到以下几个方面（见图 4-2）。

提供高质量的学科信息资源

提供专业的学科咨询服务

推动学科的研究和教学创新

构建学科信息共享平台

图 4-2 高校图书馆学科服务战略规划的目标设定

---

① 王丽华.高校图书馆学科服务研究 [J].内江科技，2017（12）：15-16.

（一）提供高质量的学科信息资源

高质量的学科信息资源是支持学校教学和科研活动的基石，也是学生和教师学习、研究和创新的重要工具。高校图书馆需要做到以下几点来实现这一目标。

其一，高校图书馆精准掌握各学科的信息需求。这需要图书馆与各学科的教师和学生保持密切的沟通，通过问卷调查、访谈、座谈会等方式，了解他们在教学和科研活动中的信息需求，掌握最新的学科发展动态和热点问题。高校图书馆还需要关注学科的未来发展趋势，以预测未来的信息需求。其二，高校图书馆在资源采购方面要根据学科的信息需求，制定科学的采购策略。这包括选择适合学科需求的信息资源类型（如书籍、期刊、数据库、电子资源等），确定合适的采购渠道（如国内外购买、交换、赠送等），以及设定合理的采购周期（如定期采购、临时采购等）。高校图书馆还需要考虑采购预算的问题，既要确保信息资源的质量，也要考虑图书馆的经济效益。其三，高校图书馆在资源管理方面需要建立有效的资源管理制度，以保证信息资源的质量。这包括对信息资源进行定期的审查和更新，淘汰过时和少用的资源，引入新的和热门的资源。高校图书馆还要通过编目、分类、索引等方式，提高信息资源的可检索性和可用性。其四，高校图书馆在资源服务方面需要通过各种服务方式，使教师和学生能够方便地获取和使用信息资源。这包括提供方便的借阅服务、远程访问服务、文献传递服务等，也包括提供信息素养教育、参考咨询、文献检索等辅助服务，帮助他们有效地利用信息资源。

（二）提供专业的学科咨询服务

高校图书馆社会化服务的目标之一是为高校的教师、学生、研究人员，甚至广大社会公众提供针对性的学科信息咨询和引导，满足他们在学习、研究和工作中的信息需求。

　　为了提供专业的学科咨询服务，高校图书馆需要建立一支具备专业知识和信息技能的学科咨询团队。这支团队的成员不仅需要对自己负责的学科有深入的理解，还需要熟悉相关的信息资源和信息检索技术。这样，他们才能准确地理解用户的信息需求，为用户推荐合适的信息资源，教授用户有效的信息检索方法，帮助用户解决信息需求问题。专业的学科咨询服务不仅包括应对用户提出的咨询请求，还包括主动为用户提供信息支持。前者需要图书馆建立便捷、多样、高效的咨询服务渠道，如现场咨询、电话咨询、在线咨询等，让用户能够随时随地获取咨询服务。后者则需要图书馆密切关注学科发展动态，挖掘和预测用户的潜在信息需求，通过主题讲座、学科指南、新书推荐等方式，主动将有价值的信息传递给用户。专业的学科咨询服务不只是回应用户的信息需求，更重要的是引导用户形成有效的信息需求和信息检索能力。因此，高校图书馆需要通过信息素养教育，教授用户如何提出明确的信息需求，如何选择和使用信息资源，如何评价和利用信息，从而帮助用户形成独立解决信息需求的能力。这样，用户就可以在面对复杂的信息环境时，有效地找到、获取、使用和创新信息，满足学习、研究和工作的需求。

　　专业的学科咨询服务不是一成不变的，而是需要根据学科发展、信息环境和用户需求的变化而不断更新和改进。因此，高校图书馆需要定期评估和反思咨询服务的效果，收集用户的反馈意见，关注国内外的服务理念和方法，探索和实施咨询服务的创新和优化。

（三）推动学科的研究和教学创新

　　推动科学的研究和教学创新这一目标反映了高校图书馆在学科服务中所承担的积极角色。以此为目标，图书馆小仅要提供学科信息资源和咨询服务，还需要创新服务方式和内容，支持学科的研究和教学活动，为学科的创新和发展提供有力的信息支持。

　　高校图书馆可以通过多种方式推动学科的研究和教学创新。例如，通过开展信息素养教育，图书馆可以帮助教师和学生提高信息获取和利用的能力，提升他们的学术研究和教学质量。通过举办学术讲座和研讨会，图书馆可以提供一个交流和分享学术信息与思想的平台，以激发教师和学生的创新思维。通过建立学科知识服务平台，图书馆可以为教师和学生提供一站式的学科信息服务，支持他们进行深入的学术研究和教学活动。

为了推动学科的研究和教学创新，高校图书馆需要密切关注学科的发展动态，了解教师和学生的研究和教学需求，及时引入新的学科信息资源和服务工具。图书馆还需要不断改进服务方式和提高服务质量，以满足教师和学生对高效、便捷、个性化的学科信息服务的需求。图书馆更需要通过开展用户调研和服务评估，收集和分析用户的反馈意见，了解服务的效果和存在问题，不断优化和完善学科服务，提升服务的满意度和影响力。高校图书馆还要与学科教师、学术机构、信息服务机构等建立紧密的合作关系，与他们共享资源、交流经验、协同创新，形成一个学科信息服务的合作和创新网络。这样，图书馆可以借助外部资源和力量，更好地服务学科的研究和教学，更有效地推动学科的创新和发展。

（四）构建学科信息共享平台

学科信息共享平台的建设需要将高校图书馆的学科资源和服务以及其他相关信息整合起来，形成一个集中的信息获取和交流的场所，不仅能满足用户的学科研究、学习和教学需求，也促进了图书馆资源的共享和优化利用。

学科信息共享平台是一个信息集散地，它可以将图书馆的各种学科信息资源（如图书、期刊、电子资源等）和服务（如咨询服务、教育服务等）整合在一起，提供一站式的信息服务。用户可以在平台上快速找到所需的学科信息，获取专业的咨询服务，参与信息素养教育，了解学科的最新动态和研究趋势等。这大大提高了用户获取和使用信息的效率和便利性。学科信息共享平台也是一个交流和合作的场所，它可以连接图书馆、学科教师、学生和其他用户，形成一个学科信息的共享和交流网络。图书馆可以在平台上发布新的学科资源和服务信息，收集和反馈用户的需求和意见，改进和优化服务。学科教师和学生可以在平台上分享学术成果和教学经验，进行学术交流和合作，推动学科的研究和教学创新。

学科信息共享平台的建设需要科技支持，如互联网技术、数据库技术、搜索引擎技术、数据分析技术等。这些技术可以帮助图书馆搭建和运行平台，实现信息的集中管理和检索，提供个性化和智能化的服务，保证平台的安全和稳定。此外，图书馆还需要配备专业的技术人员，负责平台的维护和更新，以及解决技术问题。学科信息共享平台的建设需要资源投入，如资金、人力、时间等。图书馆需要制订合理的投入计划和利用策略，以保证平台的建设和运行，提升平台的质量和效果。图书馆还需要进行资源的筹措和调配，通过内部优化和外部合作，实现资源的最大化利用。学科信息共享平台的建设还需要用户参与，他们是平台的主要使用者和受益者。图书馆需要了解和满足用户的需求，吸引和激励用户参与平台的使用和建设，提升用户的满意度和忠诚度。图书馆还需要进行用户的培训和指导，提高用户的信息素养，引导用户合理、有效地使用平台。

通过明确上述的战略规划目标，高校图书馆学科服务可以更好地服务于学科的学术活动，推动学科的发展，也有利于提升高校图书馆的核心竞争力和社会影响力。

三、学科服务战略规划的具体实施

在将高校图书馆学科服务的战略规划转化为实际行动的过程中，有几个重要环节需要注意，只有这样，高校图书馆才能在满足学科需求的同时，提升服务质量，提高学科研究的效率和成果转化率（见图4-3）。

| 01 | 02 | 03 |
| 制定明确的实施路线图 | 提升服务质量 | 建立反馈机制 |

图4-3 高校图书馆学科服务战略规划的具体实施

（一）制定明确的实施路线图

高校图书馆在制定学科服务战略规划后，实施的首要任务就是制定清晰明了的实施路线图。实施路线图的制定，不仅仅是简单地将目标拆分为各个步骤，更需要通过周密考虑与精细设计，才能保证最终的实施过程能顺利进行。

实施路线图的制定，需要深入研究和了解所设定的目标。对于每一个目标，都需要清楚地了解其背后的意义和目的，以便制定出真正符合需求的步骤。在了解目标后，需要将每个目标细化为具体的任务，并明确各个任务的执行顺序和相互依赖关系。这样，就可以确保各个任务的顺利进行，避免由于某个任务的延迟而影响整个目标的进度。在制定实施路线图时，也需要明确每个任务的责任人。每个人都应该清楚自己的任务，了解自己在整个目标中的角色。在分配任务时，应考虑每个人的能力和专长，尽量让每个人在最擅长的领域发挥作用。同时，也需要设立一套合理的激励机制，以激发每个人的工作热情，提高工作效率。为了确保实施路线图的有效执行，还需要定期检查任务的完成情况。可以设立一系列的里程碑，当达到某个里程碑时，就需要检查所完成的任务是否达到预期的效果。如果未能达到预期效果，就需要及时调整实施方案，避免延误整个目标的进度。而在每个任务完成后，也需要对其进行总结，提炼出经验和教训，以便在后续的任务中得以应用。

在整个实施过程中，可能会遇到各种各样的问题，如资源的匮乏、人员的流动、技术的更新等。对于这些问题，都需要在制定实施路线图时进行预测，并设立应对方案。只有这样，才能确保在遇到问题时，可以迅速做出反应，避免其影响整个目标的进度。

（二）提升服务质量

在高校图书馆的学科服务中，提升服务质量是一项至关重要的任务。因为无论是基本服务还是增值服务，都是为了满足用户的需求，帮助他们在学术研究中取得成功。

在服务质量方面，高校图书馆需要满足用户的基本需求，例如，提供相关书籍和期刊、提供安静舒适的学习环境、提供易于查找信息的目录系统等。这些基本服务虽然看似简单，但却是用户使用图书馆的主要原因。如果基本服务都不能满足，那么增值服务的价值就会大大降低。因此，高校图书馆必须确保高质量的基本服务，以满足用户的基本需求。除了满足用户的基本需求，高校图书馆还需要提供增值服务，以更好地满足用户的高级需求。增值服务包括但不限于提供专业的学术咨询、提供个性化的信息服务、提供各类学术活动等。通过提供增值服务，高校图书馆可以帮助用户在学术研究中取得更大的成功，从而提高其在学术界的影响力。

为了提升服务质量，高校图书馆可以引入新的技术或工具。例如，可以利用人工智能技术优化信息检索。通过引入人工智能技术，可以大大提高信息检索的速度和准确性，从而帮助用户更快地找到所需的信息。此外，也可以开发应用程序以提供更便捷的借阅体验。通过应用程序，用户可以在任何时间、任何地点查找和借阅图书，极大地提高了借阅的便利性。

需要注意的是，服务的提升不应仅仅停留在表面，而应该深入服务的每一个环节。无论是基本服务还是增值服务，无论是现有的服务还是新引入的服务，都需要进行全面的优化和提升。只有这样，才能真正提高服务的质量，满足用户的需求。

（三）建立反馈机制

反馈机制是高校图书馆学科服务战略规划的关键组成部分，为提升服务质量、优化服务内容提供了关键的信息支持。只有通过及时、有效的反馈，才能更准确地了解用户的需求，评估服务的效果，找出存在的问题，进而采取相应的措施进行改进。

高校图书馆需要建立一套完善的反馈机制。具体来说，这包括但不限于定期的用户满意度调查、不定期的用户访谈、用户投诉和建议的收集等。这些方法可以从不同的角度，收集到用户对图书馆服务的意见和建议，为优化图书馆服务提供依据。用户满意度调查是了解用户需求和评估服务效果的重要手段。通过对用户进行定期的满意度调查，可以系统地了解用户对图书馆服务的满意程度，了解服务中存在的问题。调查的内容应覆盖图书馆的各项服务，包括基本服务和增值服务，同时，还需要关注不同学科的用户，以便了解不同学科用户的特殊需求。调查的结果可以为服务的优化提供直接的指导。用户访谈是了解用户深层需求的重要手段。通过对用户进行不定期的访谈，可以深入了解用户在使用图书馆服务过程中的体验，了解他们的实际需求。访谈可以定期进行，也可以在新服务推出后或发生重大问题后进行。访谈的结果可以帮助图书馆了解用户的需求，了解服务的实际效果，从而进行更深入的优化。用户投诉和建议的收集是了解服务问题和改进方向的重要手段。高校图书馆应设立专门的渠道，收集用户的投诉和建议。这些投诉和建议可以是关于服务的问题，也可以是对服务的建议。无论是正面的还是负面的反馈，都是宝贵的信息，其可以帮助图书馆了解服务的实际效果，找出存在的问题，找到改进的方向。

第二节　高校图书馆学科服务的资源整合

为提升高校图书馆学科服务能力，需要对高校图书馆学科服务的资源进行整合优化，具体需要做好以下几个方面的工作（见图4-4）。

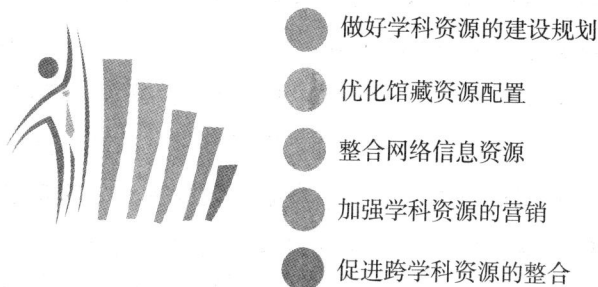

- 做好学科资源的建设规划
- 优化馆藏资源配置
- 整合网络信息资源
- 加强学科资源的营销
- 促进跨学科资源的整合

图4-4　高校图书馆学科服务的资源整合

一、做好学科资源的建设规划

高校图书馆应以学科服务为导向，明确学科资源建设的目标和方向，做好短期、中期与长期规划，以实现学科资源建设与学科服务的成功对接。只有这样，学科资源建设才能够真正发挥其应有的作用，为学科服务提供强有力的支持。

资源建设是学科化服务的基础，也是学科化服务的核心要素。[①]学科资源建设应该紧密配合学科服务的发展，以实现真正的互补和增强，当两者被视为相互独立的元素时，它们的交互性和影响力将大大减弱。为了解决这个问题，需要重新考虑学科资源建设的目标和方向。首先，要

---

① 张理华. 大数据时代高校图书馆信息服务创新研究 [M]. 北京：北京理工大学出版社，2019：102.

明确学科资源建设的目标，这可能包括提高资源的质量和数量，提高资源的使用率，或是提供更广泛的资源类型以满足不同学科的需求。在确定了目标之后，就需要设定一个具体的方向，以指导资源建设的过程。这可能涉及选择何种类型的资源，如何获取这些资源，以及如何有效地组织和管理这些资源。其次，需要不断考虑如何通过资源建设来提高学科服务的质量。例如，一个学科的用户经常需要查阅特定类型的文献，那么图书馆可能需要优先收集这种类型的资源。这样，资源建设的成果将直接对学科服务产生积极的影响。

高校图书馆还应该进行全面、系统的学科资源建设规划，包括短期、中期和长期的规划。短期规划可能聚焦于当前最紧迫的需求，例如，增强某一学科的资源供应或者改善某项服务的效率。中期规划可能关注于图书馆的整体发展，例如，增强图书馆的技术基础设施，或者培训图书馆员以提升服务质量。而长期规划则可能关注于更大范围的目标，例如，建立起一套高效的资源采购和管理机制，或者在图书馆内建立起一种以用户为中心的服务文化。

高校图书馆需要定期评估规划的执行情况，以确保各项计划正在按照预期的方式进行。如果发现实际的执行情况与预期有所偏差，那么就需要及时进行调整，以保证最终能够达成预设的目标。高校图书馆还需要注意资源建设和服务之间的动态平衡。随着图书馆服务的不断改变和发展，可能会出现新的资源需求。因此，高校图书馆需要设立一个反馈机制，使服务部门能够及时向资源建设部门反馈新的需求，以便资源建设部门能够及时调整计划，满足新的需求。

二、优化馆藏资源配置

通过优化馆藏资源配置和促进信息资源共享，高校图书馆可以更好地满足学科服务的需求，提高学科服务的质量和效率。高校图书馆在进行馆藏资源配置时，需要深入了解学校的学科分布并依据此发展规划。这是因为不同的学科有其特定的信息资源需求。例如，人文社科学科更依赖于具有深度和广度的书籍、期刊等文本类资源，而理工科学科则对最新的科研报告、专利、数据集等类型的信息资源有较高的需求。因此，图书馆在配置资源时需要充分考虑各学科的特性和需求，以更好地满足学科的发展。优先保障学校重点学科的信息资源需求是图书馆资源配置的一项重要原则。重点学科通常是学校的优势学科，其信息资源需求更为紧迫和专业。图书馆需要将更多的资源投入这些学科中，以促进其发展。然而，这并不意味着可以忽视其他学科的资源需求。相反，图书馆应当确保每个学科都能获得足够和合适的信息资源，这样才能全面推动学校的学科建设。

在保证学科建设、人才培养和科学研究所需的纸质信息资源的同时，高校图书馆也需要关注和发展数字信息资源。传统的纸质资源如图书、期刊等，虽然在某些方面有其不可替代的优势，但在存储、检索和利用等方面却存在一些限制。而随着信息技术的进步，数字信息资源正在逐渐显示出其强大的优势。数字信息资源如机构知识库、学科知识库等，能够提供大量、丰富和及时的信息。这些资源的存储容量大、检索方便、利用灵活，可以有效地支持学科的研究和教学活动。此外，数字信息资源还有易于复制和传播的特性，可以更好地满足用户的远程访问和并行使用的需求。因此，高校图书馆在配置资源时，应当注重数字信息资源的建设，以实现数字信息资源与纸质信息资源的优势互补。

要实现数字信息资源与纸质信息资源的协调发展，还需要解决一些问题。例如，如何保证数字信息资源的质量和安全性、如何提高用户对数字信息资源的利用能力等。图书馆可以通过采购高质量的数字资源、提供有效的资源使用培训等方式，来解决这些问题。

三、整合网络信息资源

在现代信息社会中，高校图书馆学科服务已经成为图书馆员服务的重要组成部分，其重要性在于向学校的教师和学生提供相关学科的专业信息。而资源整合是提供学科服务的重要手段，特别是对网络信息资源的重视，这是由于学科资源不仅仅存在于图书馆内部，更多的资源在图书馆之外，例如，网络上的电子资源、社区资源、研究所的研究成果等。这些资源的整合对于提供全面、准确的学科服务至关重要。

网络信息资源丰富多样，具有极高的参考和使用价值。高校图书馆可以通过各种方式获取这些资源，如网络浏览、互联网搜索、学术会议、行业展览等。此类资源大大增强了图书馆的信息服务能力，使图书馆能够为用户提供更为全面的学科信息。图书馆整合这些网络信息资源，可以极大地提升图书馆的服务质量，增加其对外的影响力，使图书馆成为一个真正的学习和研究的中心。在整合网络信息资源过程中需要明确目标，需要科学地设计和实施策略，需要高效地发现资源和管理工具，还需要不断地优化和调整。一个成功的资源整合策略，既要考虑资源的质量和实用性，又要关注资源的可获取性和可用性。图书馆在整合这些资源时，需要充分发挥专业知识和技能，与各学科教师、研究者、行业专家等密切合作，通过信息科技手段，提高信息获取和管理的效率。由于馆外学科资源的数量庞大、类型繁多，图书馆在整合过程中，必须确保资源的质量和可靠性，不能盲目地追求数量。此外，图书馆需要定期评估和更新资源，以确保资源的时效性。而对于那些由于版权或其他原因无法直接获取的资源，图书馆需要通过合作或其他方式，尽可能地提供这些资源的获取途径和使用指南。

在整合网络信息资源的过程中，高校图书馆应当注重用户需求，始终将用户的学习和研究需求放在首位。图书馆不仅要为用户提供有用的信息，还要通过提供个性化的服务，帮助用户有效地利用这些信息。例如，图书馆可以提供信息检索培训，帮助用户提高信息获取和利用的技能；图书馆还可以提供个性化的信息服务，如文献推送、咨询服务、研究支持等。高校图书馆还需要积极推进资源共享，通过联盟、合作、互换等方式，提高网络信息资源的使用率和效益。例如，图书馆可以参与区域性、国家级的图书馆联盟，共享各成员图书馆的资源；图书馆还可以与其他教育研究机构建立合作关系，共享各自的专业资源。高校图书馆在整合网络信息资源的过程中，必须遵守相关的法律和道德规范，尊重知识产权，维护公平竞争。例如，图书馆在获取和使用电子资源时，必须遵守版权法，不能无视版权进行复制、分发；图书馆在与其他机构合作时，必须遵守合同约定，不能独占或滥用资源。

四、加强学科资源的营销

学科资源的营销是高校图书馆学科服务中一个至关重要的部分，这既涉及图书馆服务的有效性，也直接关系到图书馆资源的利用率和影响力。高校图书馆或学科馆员不仅要重视学科资源建设，而且要通过有效的宣传手段或营销措施使学科资源能被师生知晓，并使其得到最大限度的利用。[①] 在当下这个信息丰富而繁杂的时代，仅仅拥有大量优质的学科资源并不足以满足用户的需求，图书馆还需要通过有效的营销策略，使用户了解并使用这些资源。

加强学科资源的营销并不仅仅是进行宣传推广，更重要的是了解用户的需求，提供符合用户需求的服务，创造用户价值。营销的核心是用户，一切的营销活动都应该以满足用户需求为目标。了解用户需求的方式有很多，例如，进行用户调查，通过用户反馈和建议了解用户需求；通过数据分析，如统计用户检索和借阅的数据，了解用户的信息需求。

---

① 盛小平，刘泳洁. 图书馆职业能力研究 [M]. 武汉：武汉大学出版社，2020：237.

了解用户需求后，图书馆需要根据用户需求提供个性化的服务。例如，为不同学科的用户提供定制的信息服务，如学科新书推荐、学术动态推送等；为不同层次的用户提供适合的服务，如为本科生提供基础的信息素养培训，为研究生和教师提供深度的文献检索和管理服务。

在进行学科资源的营销时，高校图书馆需要充分利用各种营销工具和渠道。例如，利用网络和社交媒体进行宣传推广，吸引更多的用户；利用图书馆网站和电子邮件系统，提供在线的信息服务；利用各种线下活动，如讲座、展览、培训等，提高用户对图书馆服务的认识和使用。加强学科资源的营销还需要建立和维护良好的关系，这包括与用户的关系、与教师和研究者的关系、与其他图书馆和信息机构的关系。图书馆需要通过优质的服务，赢得用户的信任和满意，建立稳定的用户群；需要通过与教师和研究者的合作，提高图书馆服务的专业性和实用性；需要通过与其他图书馆和信息机构的合作，扩大资源的范围和影响力。

五、促进跨学科资源的整合

整合跨学科资源不仅要求图书馆有全面的资源采集能力，还需要具备有效的资源组织和管理技术。例如，图书馆需要建立跨学科的资源分类体系，对跨学科资源进行系统的描述和标注；需要建立跨学科的资源导航系统，帮助用户快速找到所需的信息和知识。

构建跨学科资源库是高校图书馆在整合跨学科资源方面的重要措施。跨学科资源库可以将各类跨学科资源聚集在一起，为用户提供一站式的信息服务。跨学科资源库也是各学科间交流和合作的平台，可以促进不同学科间的知识交流，为学科交叉研究提供有效的信息支持。引入跨学科服务策略是高校图书馆服务跨学科研究的重要手段。跨学科服务策略可以帮助图书馆更好地了解和满足用户的信息需求，提升图书馆的服务质量。例如，图书馆可以开展跨学科的信息素质教育，提高用户的信息检索和使用能力；可以提供跨学科的研究咨询服务，帮助用户找到和利用相关的信息资源。

跨学科资源的整合和服务，是高校图书馆在学科服务中的新挑战，也是新机遇。通过有效的资源整合和服务策略，图书馆可以为跨学科研究提供有力的信息支持，推动现代科研的发展。同时，也可以提升图书馆的服务能力和影响力，实现图书馆自身的发展和提升。

第三节　高校图书馆学科服务的技术支持

在当今信息化的背景下，高校图书馆学科服务的技术支持显得尤为关键。这主要包括三个关键部分：一是高校图书馆需要实现技术引进与相关技术人才引进的协同发展，以弥补目前我国高校图书馆学科服务技术能力相对薄弱的状况；二是高校图书馆需要实现技术与服务的协同发展，将技术创新与学科服务的创新紧密相连，以此提高服务效率和效果；三是高校图书馆还需要积极实现学科服务技术的创新发展，利用新兴技术如大数据、云计算和人工智能等，推动学科服务向更深层次、更高水平发展。总的来说，高校图书馆需要通过多元化手段，全面提升学科服务的技术支持力度。

一、实现技术引进与相关技术人才引进的协同发展

高校图书馆的学科服务旨在为用户提供高质量、高效率的信息服务，而实现这一目标需要有强大的技术支持。在21世纪的信息时代，高校图书馆正面临着一次由信息技术驱动的变革。这个变革不仅仅体现在图书馆的硬件设施和软件系统上，更体现在服务模式和工作流程上。为了适应这个变革，图书馆必须积极引进新技术，并同时引进相关的技术人才，以确保新技术得到有效的应用。

技术的引进是提升高校图书馆服务能力的关键一步。在此过程中，图书馆需要有明确的技术引进策略，包括确定引进的技术类型、选择合适的供应商、设定合理的引进时间等。但是，技术的引进并不意味着单纯地购买设备和软件，还需要有专业的技术人才来进行设备的安装、软件的配置、系统的维护和更新。这就需要图书馆在引进新技术的同时，引进与之相匹配的技术人才。这些人才不仅需要具备相应的技术知识和技术技能，还需要有一定的图书馆业务知识和服务经验。他们需要了解图书馆的服务需求，能够将技术应用于服务，也需要能够根据技术的特性和发展趋势，进行服务的优化和创新。换句话说，他们是连接技术与服务的桥梁，是实现技术与服务协同发展的关键因素。

引进技术人才不仅可以提高高校图书馆的技术应用能力，也可以帮助图书馆提升服务水平。这是因为，图书馆的服务不仅需要技术的支持，更需要以人为本，以用户为中心。技术人才可以根据用户的需求，选择和配置适合的技术，也可以通过技术的应用，提升服务的效率和质量。此外，技术人才还可以通过对技术的理解和掌握，预见技术的发展趋势，为图书馆的服务创新提供思路和方案。引进技术人才并非是一蹴而就的过程，还需要图书馆有系统的人才引进和培养策略。一方面，图书馆需要通过各种渠道，如校企合作、人才引进、校内培训等方式，吸引和挖掘技术人才。另一方面，图书馆需要通过提供良好的工作环境、具有竞争力的薪酬待遇、持续的职业发展机会留住人才。高校图书馆还需要建立一个全面的、持续的、针对性的技术人才培养体系。这个体系应包括新员工的技术培训、在职员工的技术进修、关键岗位的技术备份等内容。新员工的技术培训可以帮助他们快速掌握图书馆的技术系统和工作流程；在职员工的技术进修可以帮助他们更新知识、提高技能、拓宽视野；关键岗位的技术备份可以保证图书馆在面临技术人才流失或其他突发情况时，能够持续提供稳定、高质量的服务。

技术人才的引进和培养不仅可以提升图书馆的技术实力，还可以为高校图书馆的创新发展提供动力。在这个过程中，技术人才可以通过他们的专业知识和创新思维，帮助图书馆找到新的服务模式、新的服务工具、新的服务路径。他们可以将最新的技术趋势、最先进的技术理念、最实用的技术方法引入图书馆的服务中，从而使图书馆的服务始终保持在行业的前沿。

二、实现技术与服务的协同发展

技术与服务的协同发展是一种互动和反馈的过程，需要图书馆工作人员对服务需求和工作流程有深入的理解，对新技术有清晰的认识和掌握，同时需要有勇气面对和处理新技术引入过程中可能出现的风险和问题。这种协同发展不仅可以提高图书馆的服务质量和效率，也可以推动图书馆自身的创新和改革，为用户提供更好的服务。

高校图书馆学科服务的主要任务是为用户提供信息资源和相关服务，而这一任务的完成则离不开先进的信息技术的支持。信息技术可以提升图书馆资源的采集、管理和检索效率，使用户可以更方便地获取和使用所需的信息资源。与此同时，信息技术也可以为图书馆提供多样化、个性化服务的可能，以满足用户不同的学习和研究需求。引入新技术并非为了追求技术本身，而是为了更好地服务用户。因此，在引入新技术的同时，图书馆也需要关注这些技术如何能够帮助其提升服务效率和效果，这需要图书馆工作人员对服务需求和工作流程有深入的理解。只有深入理解服务需求，才能准确判断哪些技术对提升服务有实际的帮助；只有熟悉工作流程，才能灵活应用新技术，将其真正融入服务过程中。服务需求和工作流程也可以为技术的发展提供新的方向。服务需求反映了用户的实际需求，这些需求可以为技术的发展提供新的目标和方向；工作流程则可以为技术的实际应用提供参考，帮助技术开发者了解如何更好地将技术应用于实际工作中。

　　为了实现技术与服务的协同发展，高校图书馆需要做好以下三个方面的工作：一是引进适应服务需求的新技术；二是培养工作人员的技术应用能力；三是根据服务需求和工作流程，推动技术的改进和创新。引进适应服务需求的新技术，需要图书馆有清晰的服务目标和深入的需求分析。只有了解了用户的实际需求，图书馆才能准确判断哪些技术是真正需要的，避免盲目引入新技术而忽视了服务的本质。培养工作人员的技术应用能力，需要图书馆为工作人员提供充足的学习和培训机会。新技术的引入和应用，往往需要工作人员具备相应的技术知识和技术能力。而通过培训，工作人员不仅可以掌握新技术，还可以了解新技术如何应用于实际服务中，从而更好地将技术融入日常工作中。根据服务需求和工作流程，推动技术的改进和创新，需要图书馆与技术开发者保持紧密的合作。通过反馈服务需求和工作流程，图书馆可以帮助技术开发者了解如何改进现有技术，或者开发新的技术，以更好地满足图书馆的服务需求。

　　在实践中，技术与服务的协同发展也需要图书馆具备一定的风险承担能力。新技术的引入和应用，往往伴随着一定的风险，包括技术不适应、服务出错等。因此，图书馆需要有足够的勇气和决心，面对这些风险和挑战，通过不断的试验和改进，推动技术与服务的协同发展。

三、实现学科服务技术的创新发展

　　学科服务技术的创新发展涉及的核心内容包括现有技术的升级改造、新技术的研发应用、服务模式的改革、人才构成的调整等多个方面，具体如下（见图4-5）。

图 4-5　高校图书馆学科服务技术创新发展的核心内容

（一）现有技术的升级改造

现有技术的升级改造是一项基础但至关重要的工作。这主要包括两个方面：一是提升现有技术的性能和效率。提升现有技术的性能和效率关乎图书馆服务的基本水平。高校图书馆的学科服务技术，包括信息检索系统、数据库管理系统、网络服务系统等，都需要定期进行技术升级，以提升系统的稳定性、安全性和运行效率，减少系统故障，确保用户可以顺利地获取和使用信息。这一过程要求图书馆有清晰的技术升级计划，并定期进行系统的维护和更新。二是根据新的技术发展和用户需求对现有技术进行功能的更新和扩展。功能的更新和扩展更多地涉及图书馆对新的技术发展和用户需求的响应。例如，随着移动互联网的发展，用户越来越期待能够通过手机或平板电脑使用图书馆的服务，这就要求图书馆能够提供移动端的服务接口；随着大数据和人工智能技术的发展，用户也越来越希望能够获得更加精准和个性化的服务，这就要求图书馆能够利用这些技术进行数据分析和服务优化。因此，图书馆在进行技术升级的过程中，还需要根据新的技术发展和用户需求，对现有技术进行功能的更新和扩展。

进行现有技术的升级改造，需要高校图书馆与技术供应商、信息专业人员以及图书馆用户等多方进行紧密的合作。技术供应商可以提供技术升级的解决方案和技术支持；信息专业人员可以对技术进行评估和调整，确保技术的性能和兼容性；而用户则是技术升级的最终受益者，他们的需求和反馈是技术升级的重要参考。

（二）新技术的研发应用

新技术的研发应用涉及从前沿技术的跟踪研究到技术实际应用的全过程。前沿技术的跟踪研究是新技术研发应用的基础。高校图书馆需要关注信息技术领域的新发展，例如人工智能、大数据、区块链、物联网等技术，探讨它们在图书馆学科服务中的应用可能性。这种研究不仅需要理解新技术的基本原理，还要对新技术的实际应用进行深入的探索，包括在现有服务流程中找出可能应用新技术的环节，设计应用新技术的初步方案，预测新技术应用的可能效果等。新技术的实际应用需要在保证服务质量的前提下进行。新技术的应用会对图书馆的服务流程、服务模式、人员配置等产生重大影响，因此，在应用新技术之前，图书馆需要进行充分的预备工作。这包括对新技术进行小范围试验、对试验结果进行分析评估、修正和完善应用方案、进行人员培训，以及准备应对可能出现的技术问题等。只有当这些预备工作都做好，图书馆才能在保证服务质量的前提下，尝试应用新技术。新技术的研发和应用是高校图书馆更好地实现立体互联、全面感知、泛在智能的智慧服务的关键。①

新技术的研发应用需要建立适应性的管理机制。新技术的应用不是一次性的任务，而是一个持续的过程，需要在长期的实践中不断进行调整和优化。因此，图书馆需要建立适应性的管理机制，包括对新技术应用的长期监测、对新技术应用效果的定期评估、对新技术应用问题的快速响应、对新技术应用方案的持续优化等。这些机制可以帮助图书馆在

---

① 杨永华. 智慧时代高校图书馆服务创新与发展研究 [M]. 北京：中国原子能出版社，2020：13.

应用新技术的过程中，及时发现和解决问题，充分发挥新技术的优势，提高学科服务的效果。在新技术的研发应用过程中，高校图书馆需要与技术供应商、学术机构、图书馆用户等多方进行合作。技术供应商可以提供最新的技术产品和技术支持；学术机构可以提供最前沿的技术研究和技术人才；图书馆用户可以提供最直接的需求反馈和使用体验。这种合作可以帮助图书馆更好地理解和掌握新技术，更精准地满足用户需求，更有效地推动学科服务技术的创新发展。新技术的研发应用还需要在满足伦理和法规要求的前提下进行。一些新技术，如人工智能和大数据技术，可能涉及用户隐私和数据安全的问题，因此，图书馆在使用这些技术的过程中，必须遵守相关的伦理和法规要求，尊重用户的隐私，保护用户的数据安全。这不仅是图书馆的法律责任，也是图书馆赢得用户信任，实现学科服务技术创新发展的必要条件。

新技术的研发应用不只是技术问题，也是管理问题、伦理问题，甚至是战略问题。图书馆需要具有全局视角，既要关注新技术的具体应用，也要关注新技术对图书馆整体发展的影响。通过前沿技术的跟踪研究，图书馆可以及时掌握技术发展的趋势；通过对新技术的实际应用，图书馆可以提升学科服务的质量和效率；通过适应性的管理机制，图书馆可以保证新技术应用的持续优化；通过合作，图书馆可以充分利用外部资源，推动学科服务技术的创新发展；通过满足伦理和法规要求，图书馆可以赢得用户的信任，保证新技术应用的合法性和合规性。

（三）服务模式的改革

高校图书馆需要不断调整和优化服务模式，以适应技术发展的新要求，满足用户需求的新变化，提升学科服务的质量和效率。

在服务模式改革中，用户需求是最重要的考虑因素。高校图书馆需要深入了解用户的需求，以用户需求为导向，进行服务模式的设计和调整。这需要图书馆进行定期的需求调查，了解用户在信息检索、资源获取、知识分享等方面的需求和期望；了解用户对图书馆服务的满意度和不满意的地方；了解用户的使用习惯和使用偏好，以便在服务模式改革中，充分考虑用户的实际需求。

在服务模式改革中，高校图书馆需要充分利用新技术。新技术为服务模式改革提供了新的可能性，例如，云计算和大数据技术可以帮助图书馆进行数据分析，提供个性化服务；人工智能和机器学习技术可以帮助图书馆进行智能检索，提高检索效率；社交媒体和移动互联网技术可以帮助图书馆扩大服务范围，提高服务便利性。因此，图书馆需要了解和掌握这些新技术，并将新技术融入服务模式改革，以提升服务质量和效率。

服务模式改革也要考虑图书馆的资源条件和组织能力。高校图书馆的资源条件，包括技术资源、人力资源、财力资源等，会对服务模式改革产生重大影响。图书馆需要根据自己的资源条件，选择合适的服务模式改革策略，避免造成资源浪费，实现资源最优化。图书馆的组织能力，包括组织结构、管理机制、文化氛围等，也会对服务模式改革产生影响。图书馆需要提升自己的组织能力，以支持服务模式改革的实施。

服务模式改革需要充分考虑各种因素，包括用户需求、新技术、资源条件、组织能力等，需要通过不断试验和调整，找到最适合自己的服务模式。这是一个持续的过程，需要图书馆有持续改革的决心、有创新思维的勇气、有服务理念的坚持、有团队协作的精神。服务模式的改革涉及图书馆的各个方面，包括图书馆的业务流程、服务内容、服务方式等。图书馆可以通过新技术提升自动化水平，如自助借还书、在线图书预约、电子资源的自助获取等，该业务流程的调整能进一步提高服务效率，减少用户等待时间，增强用户满意度，提高业务处理效率。

图书馆需要丰富服务内容，以满足用户多元化、个性化的需求。例如，图书馆可以提供专业化的文献检索服务、专题性的学习讲座、研究性的知识咨询服务等，以满足不同类型用户的不同需求。图书馆需要改变服务方式，以适应移动互联网时代的新环境。例如，图书馆可以提供移动图书馆服务、远程图书馆服务、24小时图书馆服务等，满足用户随时随地的信息需求。服务模式的改革需要有明确的目标和策略。图书馆的改革目标，是提升服务质量和效率，满足用户需求，增强用户满意度。在执行改革策略的过程中，图书馆需要进行定期的评估和反馈，以便及时调整改革策略，确保改革的有效性和效率。图书馆可以提供专业化的文献检索服务、专题性的学习讲座、研究性的知识咨询服务等多种服务，以满足用户多元化、个性化的需求。

服务模式的改革是一项系统工程，需要高校图书馆全体人员的共同参与和合作。每个图书馆员都是改革的参与者和实施者，他们的态度和行动直接影响到改革的成效。因此，图书馆也需要营造一种积极的改革氛围，鼓励员工积极参与改革，为改革提供意见和建议，共同推动改革的进行。

（四）人才构成的调整

在高校图书馆的发展过程中，随着技术的日新月异和服务需求的日益复杂，对图书馆员的知识结构、技能素质和服务能力提出了新的要求，因此，图书馆需要对人才构成进行适应性的调整。

人才构成的调整包括图书馆员的知识结构的调整和技能素质的提升。随着信息技术和互联网技术的发展，图书馆的服务方式和服务内容都发生了巨大的变化，这就需要图书馆员具备与之相应的知识结构和技能素质。例如，图书馆员需要掌握信息技术、互联网技术、数据库技术、大数据技术、人工智能技术等，以支持图书馆的技术服务和学科服务。同时，图书馆员还需要具备相关的学科知识，以支持图书馆的学科服务。

人才构成的调整还包括图书馆员的服务能力的提升。随着用户需求的日益复杂和多元化，图书馆员需要具备高级的服务能力，包括信息检索能力、信息分析能力、信息组织能力、信息传播能力等，以满足用户的信息需求。图书馆员还需要具备良好的沟通能力、协调能力、创新能力、学习能力等，以适应图书馆的服务环境和服务模式的变化。

人才构成的调整需要图书馆采取积极的措施。图书馆可以通过培训、进修、学习等方式，提升图书馆员的知识结构、技能素质和服务能力。例如，图书馆可以定期组织图书馆员参加相关的技术培训和学科培训，更新他们的知识结构和技能素质。图书馆还可以鼓励图书馆员进行自我学习和自我提升，提高他们的服务能力。人才构成的调整还需要图书馆制定合理的人才政策。图书馆需要制定合理的招聘政策、培训政策、评价政策、激励政策等，以吸引和留住优秀的图书馆员，提升图书馆员的工作积极性和工作效率。例如，图书馆可以根据图书馆的发展需要和人员的特长设定明确的职业发展路径，提供丰富的培训和学习机会，激励图书馆员积极提升自身的专业素质和服务能力。图书馆还可以建立公正的评价体系，对图书馆员的工作表现和贡献进行公正的评价，并给予优秀的图书馆员适当的奖励和激励。

人才构成的调整是图书馆应对新时代挑战，满足用户需求，提升服务质量和效率的重要方式。通过人才构成的调整，图书馆可以更好地适应技术发展的新要求，满足用户需求的新变化，提升学科服务的质量和效率，实现学科服务技术的创新发展。

第四节　高校图书馆学科服务的效果评估

高校图书馆学科服务的效果评估是图书馆工作的重要组成部分，直接关系到图书馆服务的质量和效率。适当的评估不仅可以帮助图书馆了解服务的实际效果，还可以指导图书馆进行服务改进，提升服务质量和效率。

一、高校图书馆学科服务效果评估的重要性

高校图书馆的学科服务作为校园知识和信息管理的核心功能之一，其效果的评估尤其重要。这种评估不仅能提供对图书馆学科服务有效性的实证数据，还可以用来改进服务质量，使其更好地满足高校社区的需求。可以从以下几个关键方面来理解评估的重要性（见图4-6）。

图4-6　高校图书馆学科服务效果评估的重要性

（一）有利于资金的合理使用

高校图书馆是一个以用户需求为导向的服务机构，其中的各项服务都离不开一定的资源投入，特别是学科服务。这种服务要求图书馆要针对不同的学科专业提供个性化的信息服务，包括提供专业化的图书馆藏、开展学科指导、设置学科专门窗口等。这些服务既要满足广大师生的基本需求，又要兼顾特定学科专业的特殊需求，因此，需要高校图书馆投入大量的人力、物力和财力。然而，高校图书馆的资源总是有限的，如何在有限的资源下，让每一项服务都能达到最优的效果，成了高校图书馆工作中的一个重要问题。

学科服务效果的评估能够帮助高校图书馆很好地解决这个问题。高

校图书馆可以通过用户满意度调查、服务使用率统计、服务效果评价等多种方式来评估学科服务的效果。这些评估方式不仅可以从整体上反映服务的运行情况，也可以针对具体的服务项目，进行详细的评估。通过这些评估，图书馆可以收集到大量的信息和数据，这些信息和数据可以帮助图书馆更好地了解用户的需求，以及服务在满足用户需求方面的表现，为图书馆的决策提供重要的依据。例如，用户满意度调查可以揭示用户对图书馆服务的满意度和期望值，反映服务的效果和问题；服务使用率统计可以揭示各项服务的使用情况，反映服务的受欢迎程度和效率；服务效果评价则可以深入地对服务进行考察，了解服务的优点和不足，为服务的改进提供方向。这些评估方式可以相互补充，形成一个完整的评估体系，让图书馆可以从多个角度和层次上了解服务的效果，从而更好地调整和优化服务。

通过对服务效果的评估，图书馆可以了解各项服务的运行状况，包括哪些服务在用户中受到欢迎，哪些服务的效果可能并不理想，哪些服务可能已经无法满足用户的需求等。这样，图书馆就可以据此对服务进行调整，把有限的资源用在真正需要的地方，以实现资源的最优配置。比如，图书馆可以增加对受欢迎的服务的投入，改进或重新设计效果不理想的服务，甚至可以适时剔除那些已经不再符合用户需求的服务，以保证资源的合理使用。

（二）有利于服务质量的持续提升

高校图书馆学科服务的核心目标就是提供优质的信息服务，以满足用户的学习、研究和工作需要。但是，服务的质量并非一蹴而就，而是需要通过不断地改进和提升才能实现。这就要求高校图书馆能够对服务的效果进行持续的评估，以了解服务在实际运作中的表现，找出服务的问题和不足，以便进行针对性的改进。

服务效果的评估可以帮助图书馆发现服务在实施过程中可能存在的

各种问题，如服务的响应速度是否足够快、服务的内容是否丰富、服务的方式是否人性化、服务的范围是否覆盖了所有需要的用户、服务是否能够满足用户多样化的需求等。这些问题可能会影响用户对服务的满意度和使用意愿，进而影响服务的效果和价值。因此，图书馆需要对这些问题进行深入的探究和解决，才能保证服务质量的持续提升。服务效果的评估还可以帮助图书馆了解服务改进的效果。当图书馆对某项服务进行改进后，可以通过评估来了解改进的效果，看看改进是否达到了预期的目标、用户对改进的反应如何、改进是否带来了服务质量的提升等。这样，图书馆就可以据此对改进方案进行修正或优化，以实现服务质量的持续提升。另外，图书馆还可以采取服务质量评价、用户满意度调查、用户反馈分析等方式来评估服务效果，从不同的角度来揭示服务质量的真实状况。

（三）有利于精确把握用户的需求

高校图书馆社会化服务的用户需求会随着时间和科技的发展不断变化。如果图书馆不能及时了解和适应这些变化，就可能导致服务效果的下降，甚至可能出现服务供需的错配。因此，对学科服务效果的评估就成了一种必要的手段，它可以帮助图书馆发现服务使用者需求的变化，以便及时调整服务内容。这种评估不仅有助于提高服务的适应性，使服务更好地满足用户的需求，同时有助于增强用户对服务的满意度和依赖度。当用户发现图书馆的服务能够满足他们的需求，他们就会对图书馆产生信任和依赖，愿意更多地使用图书馆的服务，从而提高服务的使用率和效果。因此，对学科服务效果的评估有助于图书馆更精确地把握用户需求，提供更具针对性的服务，从而提高服务的效果和价值。

（四）有利于高校图书馆地位的稳固和提升

高校图书馆是学校教学和研究工作的重要支持机构，其服务的质量和效果直接影响到学校的教学质量和科研能力。因此，学科服务的效果评估不仅有助于图书馆改进服务，提高效率，更能够体现图书馆在学校教学和研究工作中的价值和重要性，有助于稳固和提升图书馆的地位。具有高质量学科服务的图书馆能够更好地支持学生和教师的学习和研究工作，帮助他们获取所需的信息资源，提高他们的学习和研究效率。这种服务的效果进一步证明了图书馆在学校的重要作用。这种服务的效果也能够体现在用户的满意度上，当用户对图书馆的服务满意，他们就会更愿意使用图书馆的服务，更认可图书馆的价值，从而提升图书馆的影响力。

学科服务的效果还能够帮助图书馆向学校管理层和用户展示其服务的实际效果。例如，图书馆可以通过评估报告向学校管理层和用户展示其服务的使用情况、用户满意度、服务改进的成果等，这些都能够证明图书馆的服务价值，增强图书馆的影响力。同时，这些评估结果也可以作为图书馆向学校管理层申请资源和支持的依据，帮助图书馆获取更多的资源和支持，进一步提升其服务的能力和效果。

二、学科服务效果评估中的重点与难点解析

高校图书馆学科服务效果评估的重点与难点主要包括：明确评估目标、确定评估指标、选择评估方法、解读和应用评估结果等（见图4-7）。这些问题都需要在实践活动中不断探讨和解决，以推动高校图书馆学科服务的持续改进和发展。

图4-7 高校图书馆学科服务效果评估的重点与难点

（一）明确评估目标

明确的评估目标具有引导性、准确性和针对性，它能指导评估工作的方向，使评估工作更加有针对性和有效性。明确的评估目标体现在其能清晰地指出评估工作的关键点。明确的评估目标能够为评估工作提供清晰的指引，避免评估工作偏离方向，从而保证评估工作的准确性和可靠性。因此，制定评估目标时，需要对学科服务的内容、形式、方法、效果等进行全面考虑，确保评估目标的全面性和准确性。评估目标的准确性表现在其能够精确地指出评估工作的目的。准确的评估目标能够明确评估工作的实质，避免评估工作在执行过程中失去方向。因此，制定评估目标时，需要充分考虑学科服务的具体情况，结合高校图书馆的实际需求，使评估目标具有实际意义和可行性。评估目标的针对性表现在其能够针对学科服务的具体情况进行评估。针对性的评估目标能够使评估工作更加有针对性和效率，避免评估工作偏离重点，保证评估工作的有效性。因此，制定评估目标时，需要对学科服务的特点、需求、问题等进行深入全面分析，确保评估目标的针对性和实效性。

但在制定评估目标的过程中，也面临诸多挑战。比如，如何制定既具有全面性又具有针对性的评估目标；如何在兼顾学科服务的多元性和特性的同时，确保评估目标的可操作性等。这些都需要在深入研究和理解学科服务的基础上，结合高校图书馆的实际情况和需求，充分发挥专业知识和实践经验，进行深入探索和实践。

（二）确定评估指标

在任何项目的评估中，评估指标的确定都是至关重要的一步。在高校图书馆学科服务的情境中，尤其是如此。具体的评估指标不仅可以对学科服务的成效进行全面而深入的评估，也能对图书馆的长期规划与改进提供方向。这些指标应该综合考虑图书馆学科服务的各个方面，包括服务质量、使用率、用户满意度等。

155

对于服务质量的评估，可以从资源获取、咨询服务、技术支持等方面进行。比如，可以通过统计图书馆为特定学科提供的图书、期刊等资源的数量、种类及更新频率，来反映图书馆对该学科的资源投入；又如，可以通过记录并分析学科咨询服务的回答质量和回答速度，来评价咨询服务的质量；而对于技术支持，则可以从技术设施的完善程度、新技术的引入情况等方面进行考察。使用率可以从各类学科资源的借阅率、学科服务活动的参与率、在线资源的访问量等方面进行衡量。这些数据可以通过图书馆的统计系统获得，但需要注意的是，数据的收集应该在保护用户隐私的前提下进行。此外，使用率的数据还可以与其他高校图书馆进行比较，以获取更全面的评价。用户满意度可以通过定期进行用户满意度调查，收集用户对各项服务的评价和建议。调查的形式可以为问卷调查、面对面访谈、在线反馈等，尽可能收集到不同用户的意见。同时，也应对用户的建议进行认真处理，以此提高服务质量。

明确了评估指标后，就可以根据这些指标对图书馆的学科服务进行系统性的评估。评估的结果应该由图书馆管理层及服务人员共同审查，以决定是否需要改进当前的服务，或者是否有必要引入新的服务。这是一个持续不断的过程，需要图书馆定期进行，以适应学科服务需求的变化。评估结果还可以用来向高校管理层、教师和学生展示图书馆学科服务的效果，从而提高图书馆在高校中的地位和影响力。

（三）选择评估方法

在确定了评估目标和评估指标后，高校图书馆学科服务效果评估的下一步就是选择恰当的评估方法。选择评估方法是一个需要细致思考和周全考虑的过程。不同的评估方法有不同的优点和局限，因此，需要根据具体情况进行选择。评估的结果应用于改进学科服务，提高服务质量，而不仅仅是为了评估本身。只有这样，图书馆学科服务的效果评估才能真正发挥其应有的作用，推动图书馆的持续改进和发展。

首要的评估方法是数据收集与分析。这种方法主要依赖于定量数据，如图书借阅数量、学科咨询服务的次数、在线资源的访问量等。数据收集可以通过图书馆管理系统自动完成，分析则需要图书馆员或专业的数据分析师进行。定量数据的优势在于客观、准确，可以清晰地反映出图书馆学科服务的使用情况。但同时，定量数据也存在局限性，它往往无法深入了解用户的需求和满意度。为了克服定量数据的这一局限，还可以采用定性研究方法。定性研究主要通过访谈、观察、案例研究等方法，深入理解用户的需求和感受。例如，可以通过面对面访谈或在线反馈的方式，了解用户对图书馆学科服务的满意度；可以通过观察用户在图书馆的行为，了解用户使用服务的习惯；也可以通过案例研究，了解特定服务在实际运用中的效果。定性研究能够提供丰富、深入的信息，但其难点在于如何进行有效的信息提取和分析。除了数据收集与分析、定性研究外，还可以通过比较研究来进行评估。比较研究是将本图书馆的学科服务与其他图书馆或本图书馆的其他服务进行比较，看看是否存在可借鉴的地方。比较研究的难点在于如何找到合适的比较对象和比较标准。实验研究也是一种有效的评估方法，可以通过设立实验组和对照组，比如在实验组中引入新的服务或改进现有的服务，然后比较两组用户的反馈，以此评估新的或改进的服务是否有效。实验研究的优点在于能够在控制其他变量的情况下，准确评估服务改进的效果。但实验研究的开展需要严格的设计和实施，以及足够的时间和资源。

在选择评估方法时，需要根据具体的评估目标和指标来决定，也可以根据情况综合使用几种方法。同时，应注意方法的选择应与图书馆的实际情况和资源相匹配，不能盲目追求复杂的方法而忽视了实际效果。一种具有挑战性但非常有效的评估方法是基于大数据的评估。在现代图书馆中，每一次用户的行为，例如搜索、借阅、参与活动等，都可能留下数字足迹。通过收集和分析这些数据，图书馆可以更精细地了解用户的需求和行为模式，从而更精确地评估学科服务的效果。然而，这种方法需要高级的数据分析技术和强大的数据处理能力，而且必须遵守相关的数据保护和隐私法规。

无论选择哪种评估方法，都需要保证评估过程的公开和透明，以增加评估的信度和效度。同时，评估的结果应以合适的方式传达给各方利益相关者，包括图书馆工作人员、高校管理层、教师、学生等，以便他们了解图书馆学科服务的效果，并提供反馈和建议。

（四）解读和应用评估结果

在进行了一系列的评估活动并收集了大量的数据后，图书馆需要对这些评估结果进行解读。解读评估结果意味着对所有收集的信息进行深度分析，理解并挖掘其背后的含义。解读评估结果的过程并不简单，需要的是对数据的深入理解和敏锐的洞察力。

解读过程中需要把数据看作解答问题的一种手段而不是目的。解读结果的目标是理解图书馆服务如何影响用户，包括服务的优点和需要改进的地方。这可能包括识别出现的模式，比如特定服务的使用率随时间的变化，或者不同用户群体对服务的不同反馈。同时，也需要注意异常数据，比如某个通常不受欢迎的服务突然变得非常热门，这可能表明有新的用户需求，或者服务的推广策略非常有效。解读评估结果的难点在于，如何从大量的数据中提炼出有价值的信息，如何从复杂的数据中发现规律，如何根据数据做出合理的解释和推断。这需要扎实的统计知识、敏锐的洞察力，以及深入了解图书馆服务和用户需求的能力。解读评估结果的另一个重要环节是将结果转化为实践。评估的目的不仅仅是了解服务的当前状况，更重要的是根据评估结果改进服务，提高用户满意度。因此，图书馆需要根据评估结果提出改进策略，制订实施计划，并将其执行。

应用评估结果还需要对结果进行公开和传播。可以将结果以报告的形式向图书馆工作人员、高校管理层、教师、学生等利益相关者进行汇报，这可以增加图书馆的透明度，增强图书馆的公信力。同时，也可以向公众公开评估结果，这既可以提高图书馆的形象，也可以获得更多的反馈和建议。

第五章　社会化服务实践中的策略探索与服务创新

第一节　高校图书馆社会化服务的策略设计

在这个信息化快速发展的时代，高校图书馆已经从传统的书籍收藏机构转变为知识和信息的集散地，其角色的转变越来越明显。为了适应这种变化，高校图书馆需要制定社会化服务策略，这样可以更好地满足社会公众的需求，并提升其服务水平。

一、高校图书馆社会化服务策略设计的重要性

高校图书馆社会化服务策略设计的重要性不言而喻。它是高校图书馆社会化服务的发展方向，也是实现高校图书馆价值的关键途径。具体来说，高校图书馆社会化服务策略设计有以下重要性（见图5-1）。

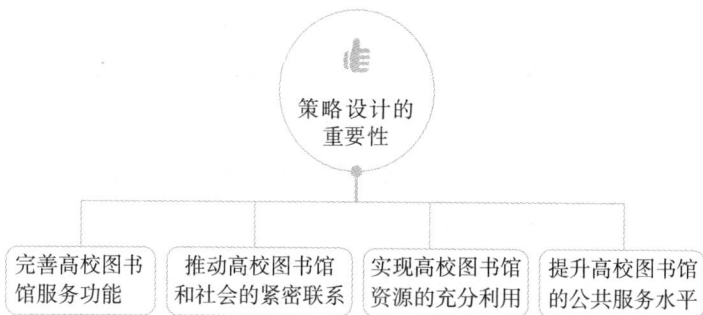

图 5-1　高校图书馆社会化服务策略设计的重要性

（一）完善高校图书馆服务功能

传统意义上的图书馆的主要职能是收藏、整理和提供书籍，现在，图书馆已经不再仅仅是一个书籍的仓库，而是转变为知识和信息的中心，它们为用户提供多种形式的信息服务，如电子资源、网络服务、研讨会、培训课程等。因此，高校图书馆的服务功能必须进行转型和升级，以适应社会公众的需求。

设计社会化服务策略的一个重要考虑因素是用户需求。需要对用户的信息需求进行深入研究，根据用户需求设计和提供服务。高校图书馆还需要与时俱进，研究和引入新的服务方式，如移动图书馆服务、云服务、大数据分析服务等。这些服务可以提升图书馆的服务水平，满足用户的多元化需求，使高校图书馆成为学习、研究、休闲等多功能一体的学术社区。

（二）推动高校图书馆和社会的紧密联系

在全球化、网络化的时代背景下，高校图书馆不再是孤立的学术堡垒，而是成为连接学术界与社会大众的重要桥梁。此时，社会化服务策略的设计显得尤为重要，它能推动高校图书馆与社会形成更紧密的联系。

高校图书馆在设计社会化服务策略时，应关注社会各个领域的信息需求，尤其是那些与图书馆资源相关的需求。例如，当地的非营利组织可能需要寻找关于社区发展的数据，或者社区居民可能希望了解健康或教育等方面的信息。图书馆可以定向地提供这些信息，甚至主动推送给社区，这样不仅能满足社会的信息需求，也能提高图书馆的社会影响力。

高校图书馆还要主动寻求与社会的各种合作机会。例如，图书馆可以与社区中心、学校、企业等机构合作，共同举办活动或项目，这样可以使图书馆的资源和服务更广泛地进入社会，增加图书馆的社会影响力。与此同时，图书馆还可以借此机会收集社会的反馈，以便进一步优化服务策略。高校图书馆在社会化服务中，也可以利用自身的专业优势，为社会提供独特的价值。例如，图书馆可以利用自身丰富的历史文献资源，为地方历史研究提供支持；图书馆也可以利用自身的信息整合能力，为社会提供关于特定主题的综合信息服务。这样，图书馆不仅能满足社会的信息需求，也能树立自身的专业形象，提升在社会中的认知度。

（三）实现高校图书馆资源的充分利用

在知识经济时代，资源的有效利用直接关系到一个机构的竞争力。高校图书馆拥有丰富的图书资源和专业的服务人员，其社会化服务策略的设计，能有效推动这些资源向社会开放，提升资源使用效率，从而实现图书馆资源的价值最大化。

高校图书馆资源包括了实体资源和电子资源。实体资源主要包括图书、期刊、报纸、专著等，而电子资源包括电子书、电子期刊、数据库、学术论文等。无论是实体资源还是电子资源，高校图书馆都应该思考如何更好地进行管理和利用，以满足更广泛的社会需求。对于实体资源，高校图书馆可以通过图书借阅、展览、读书会等方式向社会公开，让更多的人可以直接接触到这些资源，从而实现资源的最大化利用。同时，图书馆还可以利用数字化技术，将实体资源转化为电子资源，为用户提供更为便捷的访问方式。电子资源的开放和利用则更为关键。高校图书馆应该提供稳定、快速、安全的电子资源访问服务，使用户可以随时随地获取所需的信息。此外，图书馆还需要通过元数据、标签、分类等方式，提高电子资源的检索效率，使用户可以快速找到所需的资源。高校图书馆的服务人员也是重要的资源，他们具有专业的知识和技能，可以提供咨询、引导、培训等服务。通过社会化服务策略的设计，图书馆可以充分利用这些人力资源，提供更加专业、个性化的服务，以满足社会公众的各种需求。

在资源开放的过程中，高校图书馆还需要考虑如何保护和维护这些资源。对于实体资源，图书馆需要制定合理的使用规则，防止资源的损失或损坏。对于电子资源，图书馆需要注意数据安全和隐私保护，防止数据泄露或被滥用。

（四）提升高校图书馆的公共服务水平

社会化服务策略使高校图书馆不再局限于学术环境，而是面向更广阔的社区提供信息服务，更好地满足社会公众的需求，进而提供更加高效、优质的服务。

社会化服务策略让高校图书馆有机会深入了解社区的需求，这不仅包括学术信息需求，还有生活信息、政策法规、市场动态等各种类型的信息需求。图书馆能够根据这些需求提供相关的信息服务，这样不仅可以满足用户的实际需求，还可以提高图书馆服务的满意度和利用率。社会化服务策略也为提升高校图书馆服务水平提供了新的机会。图书馆可以利用数字化技术，开发各种在线服务，如电子资源访问、远程咨询、线上阅读活动等，这样可以让更多的用户，尤其是远程用户，能够享受到图书馆的服务。高校图书馆还可以通过数据分析，了解用户的使用习惯和偏好，优化服务流程，提高服务效率。社会化服务策略还有助于高校图书馆实现知识的普及和传播。高校图书馆可以开展各种公众教育活动，如公开课、讲座、研讨会等，将知识从校园带到社区，让更多的人能够接触到新的知识和信息，增强公众的信息素养和生活质量。社会化服务策略的设计，可以提高高校图书馆的公共服务水平，使其能更好地满足社会公众的需求，提供更加高效、优质的服务。

二、社会化服务策略设计的原则

高校图书馆社会化服务策略设计要遵循一定的原则，以便帮助高校图书馆设计出能满足社会需求的服务策略，进一步提升图书馆的社会价值和影响力，具体如下（见图5-2）。

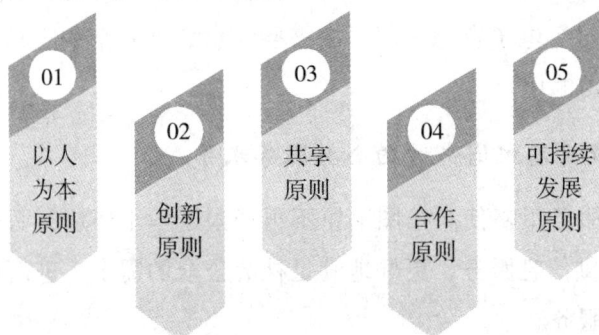

01 以人为本原则
02 创新原则
03 共享原则
04 合作原则
05 可持续发展原则

图 5-2　高校图书馆社会化服务策略设计的原则

（一）以人为本原则

以人为本是一个核心的服务理念，其根本意义在于将服务对象置于决策和操作的中心位置。它追求的是超越简单的功能满足，更是对用户情感、心理和实际需求的全面关注与满足。在高校图书馆的背景下，这一原则更是强调提供用户导向的服务，即将用户的需求与体验放在首位。

高校图书馆的服务对象主要为高校的学生和教职员工。他们对信息资源有着巨大的需求，不仅是学术研究，还包括课程学习、职业发展、兴趣探索等多方面。此外，高校图书馆还需考虑来自社会各界的外部用户，包括校友、合作研究机构、企业界甚至是普通市民。这些用户可能对学术资源、特色馆藏、公开讲座等有浓厚兴趣。为了真正实践以人为本的原则，高校图书馆需采取一系列行动。首先，应该利用现代技术，如大数据、人工智能等手段，来收集和分析用户的使用习惯和反馈，确保能够更准确地捕捉到他们的需求。其次，图书馆可以举办各类公共活动，如学术讲座、书籍展览、创新工作坊等，以促进学术交流，增进与社会的联系，让更多人受益于图书馆资源。这些活动不仅能吸引更多的外部用户，也能为内部用户提供更多的学习和交流机会。

（二）创新原则

社会化服务策略设计不是一成不变的，而应该随着社会的发展和科技的进步不断进行创新。高校图书馆在设计服务策略时，需要关注到最新的社会发展趋势、科研动态和技术进步，以保持其服务的时效性和前瞻性。

高校图书馆的服务创新可以包括技术创新、服务模式创新、管理创新等多个方面。例如，利用最新的数字化和人工智能技术，可以提高图书馆的服务效率和用户体验，如智能检索、个性化推荐等。同时，通过创新服务模式，如提供在线咨询服务、建立学习共享空间等，可以使图书馆的服务更加符合现代社会的需求。此外，通过管理创新，如建立快速反馈机制、优化服务流程等，可以提升图书馆的服务质量和效率。

（三）共享原则

高校图书馆的资源共享，不仅有助于充分发挥图书馆的社会功能，提升图书馆服务的社会效益，而且符合图书馆服务的公益性质。

高校图书馆应利用现代信息技术，如数字化、网络化等，打破地理和时间的限制，让更多的人可以方便地获取和使用图书馆的资源。例如，建立数字图书馆，提供在线检索、阅读、下载等服务，可以使图书馆的资源实现全天候、全方位的开放。同时，通过开放的学术活动，如讲座、展览、工作坊等，也可以让更多的人有机会接触到图书馆的资源和服务。

（四）合作原则

合作原则鼓励高校图书馆通过与其他机构的合作，共享和整合资源，以提供更全面、优质的服务。高校图书馆的资源和能力是有限的，无法满足所有用户的各种需求，因此，高校图书馆需要通过合作，尽可能地拓宽服务的范围和深度。这种合作可以跨越图书馆、学科、地域、国界等各种界限，涵盖图书馆与图书馆、图书馆与其他机构之间的各种合作形式。例如，高校图书馆可以与其他图书馆合作，实现资源的互借、互访，提高资源使用效率。高校图书馆也可以与其他机构合作，如与教育机构合作，开展各种教育活动；与研究机构合作，提供研究支持服务；与企业合作，推广知识产权；等等。

（五）可持续发展原则

可持续发展原则强调高校图书馆在制定社会化服务策略时，不仅需要考虑当前需求，而且要着眼未来，确保其服务具有可持续发展性。此原则不仅体现在服务的持久性上，还包含了对资源、环境和社会等各方面的全面考虑。

高校图书馆应尽可能地利用现有资源，避免浪费，尤其是在有限的公共资金支持下，高校图书馆需要精心规划和管理资源，提高其使用效率。同时，高校图书馆还要关注自身发展对环境的影响，如尽可能减少纸质书籍的使用，推广电子资源，以实现环保的目标。在社会方面，高校图书馆的社会化服务要考虑到所有群体，特别是那些在信息获取上有困难的群体，如盲人、老人、偏远地区的人等，为其提供方便的、无障碍的服务。此外，高校图书馆还应促进知识的公平分享，通过提供公开的学术资源，消除信息不对称，提高社会的知识水平。

三、高校图书馆社会化服务策略的制定与实施

高校图书馆社会化服务策略的制定与实施是一个复杂系统的过程，既需要考虑社区需求，又要兼顾资源和效益的过程。高校图书馆需要在这个过程中找到一个平衡点，以达到最好的服务效果（见图5-3）。

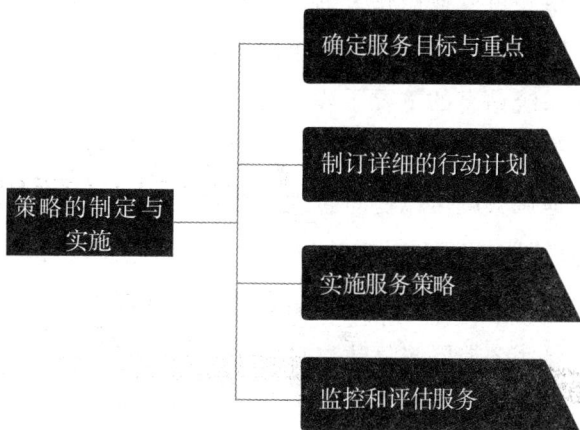

图5-3 高校图书馆社会化服务策略的制定与实施

（一）确定服务目标与重点

在制定高校图书馆社会化服务策略时，服务目标的设定和服务重点的确定为整个过程奠定了基础。服务目标需要依据社区需求以及图书馆的能力和资源来确定，而服务的重点则需要考虑到社区需求的紧急性、图书馆的特色资源以及可能达成的影响力等因素。这个过程需要图书馆与社区进行深度的交流与合作，以确保服务目标与重点符合社区的期望和需求。

高校图书馆可以组织社区座谈会、公开论坛或者个别访谈，邀请社区成员共同参与。这些交流活动不仅能获取社区成员对于图书馆服务的看法和建议，还可以增强社区成员对于图书馆的归属感和参与度。为了

让更多的社区成员参与到交流活动中，图书馆可以选择在社区中心、学校或者其他社区成员常去的地方举办这些活动，也可以选择在方便社区成员的时间举办，如周末或者晚上。参与社区活动也是理解社区需求的有效方式。图书馆可以参与社区的各种活动，如社区集市、艺术节、音乐会等，以便更好地了解社区成员的文化、价值观和兴趣爱好。在这些活动中，图书馆还可以提供相关的信息服务，例如，设立咨询台、分发宣传材料等，以增加社区对于图书馆的认知度和接触机会。在线和实地调查也是获取系统信息的重要手段。图书馆可以通过电子邮件、在线问卷、社交媒体等方式进行在线调查，获取社区成员对于图书馆服务的需求和反馈。实地调查则可以更直接地了解社区的实际情况，如社区的地理位置、交通状况、居民结构等，以便设计更贴近社区实际需求的服务。

获取到的信息可以帮助图书馆更好地理了社区的需求。信息需求包括社区成员需要什么类型的信息，如教育信息、娱乐信息、生活信息等，以及他们获取信息的途径，如网络、报纸、电视等。服务种类和方式则包括社区成员希望图书馆提供什么类型的服务，如借阅服务、咨询服务、培训服务等，以及他们接受服务的方式，如面对面服务、远程服务、自助服务等。服务时间则涉及社区成员能够使用图书馆服务的时间，如工作日、周末、白天、晚上等。

在获取这些信息的过程中，图书馆需要不断地反思和调整，以便更好地理解和满足社区的需求。这可能涉及调整调查问卷的问题、改变交流活动的形式和内容、提供新的服务和资源等。只有这样，图书馆才能真正地成为社区的一部分，为社区成员提供他们真正需要的服务。

（二）制订详细的行动计划

制订详细的行动计划是将策略转化为实际操作的过程。一个完整的行动计划应包括以下内容：每项服务的提供方式、负责人、所需的资源以及预期的完成时间。提供方式是指服务的具体形式，如面对面咨询、线上查询、自助借阅等。负责人则需要明确各项服务的主导者，他们将负责服务的开展和管理。所需的资源主要包括人力资源、物质资源和财力资源，图书馆需要确保有足够的资源来支持服务的开展。预期的完成时间是设定服务的开始和结束时间，这可以帮助图书馆合理分配时间和资源。

在制订详细的行动计划的过程中，应考虑到服务的可行性和效果。对于那些需求大但难以实施的服务，图书馆需要寻找替代方案或合作伙伴；对于那些需求小但易于实施的服务，图书馆需要评估其可能带来的效果，以决定开展的形式和方式。行动计划还应包括对服务进行监控和评估的方法。监控是为了确保服务的顺利开展，可以通过定期报告、会议等方式进行；评估则是为了了解服务的效果，可以通过问卷调查、访谈、数据分析等方式进行。这两者是保证服务质量和效果的重要手段，也是图书馆对社区负责的表现。

制订详细的行动计划是一个迭代的过程，高校图书馆需要根据服务的实际情况进行调整和优化。在这个过程中，高校图书馆需要倾听社区的声音，理解他们的需求和期望，才能提供真正符合他们需要的服务。

（三）实施服务策略

实施服务策略是高校图书馆社会化服务的关键阶段，涉及诸多因素，其中之一便是保证服务的连续性和质量。连续性意味着服务不能仅仅是一次性的活动，而应当是持续、稳定的，并能够随着社区需求的变化进行灵活调整。而质量则要求服务不仅能够满足社区的基本需求，而且要超出期待，提供出色的用户体验。这两个目标的实现，依赖于人力、物力和财力等资源的合理分配和有效利用。

资源的合理分配关乎服务策略是否能够顺利地从计划转化为实践。高校图书馆需要确保各项服务有足够的人员进行运营和维护，包括前线工作人员和后台支持人员。高校图书馆还需要投入物力资源，如硬件设备、软件系统等，以保证服务的正常运作。财力资源的分配则需要考虑到服务的成本效益，以确保服务的可持续性。有效利用资源则是从资源配置的角度，提高服务的效率和效果。图书馆可以通过培训和激励机制，提高员工的工作技能和工作积极性，以提高服务的效率和质量。同时，图书馆也可以通过更新硬件设备、优化软件系统等方式，提高服务的运行效率和用户满意度。

在实施服务策略的过程中，沟通的重要性不言而喻。高校图书馆需要与社区成员保持频繁的、双向的沟通。这种沟通可以通过定期的社区会议、在线社区、用户调查等形式进行，旨在获取社区成员对于服务的反馈和建议。这些反馈和建议是调整和改进服务的重要依据，可以帮助图书馆了解服务的效果，找出服务的问题和不足，从而进行针对性的改进。

改进服务是服务策略实施的一个持续过程。高校图书馆需要根据社区的反馈和建议，以及自身的经验和观察，对服务进行持续的、系统的改进。这可能涉及改变服务的形式和内容，调整资源的分配，优化服务的流程等。在这个过程中，高校图书馆需要保持开放和创新的精神，愿意尝试新的方法和技术，以提高服务的效果和满足社区的新需求。

（四）监控和评估服务

服务监控的目标在于对服务过程进行实时跟踪，以便于高校图书馆在服务运行过程中发现和解决问题。监控可以通过多种方式进行，包括定期会议和报告等。定期会议可以让负责服务的团队及时交流服务的运行情况，发现和解决问题，而定期报告可以让图书馆管理层了解服务的实时状况，进行宏观的决策和调整。除此之外，高校图书馆还可以通过数据监控和系统审计等技术手段，进行更加精细和全面的服务监控。

服务评估则更加侧重于对服务结果的分析和判断。评估的方式有很多，包括问卷调查、用户访谈、数据分析等。问卷调查和用户访谈可以直接获得用户对服务的反馈，能对用户满意度进行量化和深度理解；数据分析则可以对用户行为进行研究，了解用户的真实需求和行为模式。这些评估方式都可以为图书馆提供宝贵的反馈信息，帮助图书馆判断服务是否有效，以及如何改进。

监控和评估不仅是保证服务质量和效果的重要环节，也是高校图书馆向社区展示其责任和公信力的重要方式。通过监控和评估，图书馆可以了解自己的服务是否真正满足社区的需求，是否达到了预期的效果，是否有需要改进的地方。这样的透明度和问责性，可以让社区看到高校图书馆的责任感和专业性，从而增强图书馆的公信力。

第二节 高校图书馆社会化服务的创新手段

高校图书馆在社会化服务方面的创新手段包括提炼并重塑高校图书馆公共服务精神、构建开放式服务模式、提升深层次服务能力、培养多元化服务团队、拓展高校图书馆社会化服务空间以及健全高校图书馆公共服务体系等方面。

一、提炼并重塑高校图书馆公共服务精神

公共服务精神是指基于人在社会生活中所具有的群体意识，出于对公共事业负责的理念，所表现出的一种为公共利益努力做出贡献的精神。[①]高校图书馆的公共服务精神就是面向社会开放，实现资源公开、共享的精神。在新时代背景下，图书馆不仅是知识的寓所，也是学术研究、公共教育的重要场所。这种转变要求图书馆以更开放的心态、更主动的态度、更高效的方式，将知识服务、学术研究和公共服务更紧密地联系起来。

---

① 高宇航，卫建国. 提升公共服务精神的思路 [J]. 理论探索，2016（2）：82-86.

服务精神的提炼和重塑必须始于理念的转变。一种以用户为中心的服务精神将是这一变革的核心。具体来说，高校图书馆必须全面了解和深入探索用户的需求，然后基于这些需求提供定制化的服务。这意味着图书馆的服务不再仅仅是提供图书和资料，而是为用户提供一种可以增进知识、促进学术研究、满足个人兴趣、提升生活质量的体验。这样的服务精神可以增强用户的归属感，使他们更愿意主动参与到图书馆的活动中来，进而提高图书馆的社会价值和影响力。高校图书馆还需要以知识的开放共享为使命。在数字化、网络化的大背景下，知识的获取和传播越来越便捷，而图书馆作为知识的仓库和传播者，更应该担当起开放共享的责任。图书馆可以通过数字化图书馆、在线数据库、开放获取资源等方式，打破地域和时间的限制，让更多的人能够获取到丰富、多样、及时的知识资源。高校图书馆还需要以积极创建和传递价值为目标。传统上，图书馆的价值主要体现在收藏和提供知识资源上，但在现代社会，图书馆的价值也可以体现在其他方面，如提供知识服务、搭建学术交流平台、推动社区发展等。图书馆可以利用自身的资源和优势，为用户提供更全面、更高质量的服务，满足他们在学习、研究、工作、生活等各个方面的需求。通过这种方式，图书馆可以创造新的价值，提升自身的社会地位和影响力。

高校图书馆应该成为用户学习、交流、创新的重要平台。在知识经济时代，学习、交流、创新是人们获取竞争优势的重要方式，而图书馆则是这些活动的理想场所。图书馆可以利用其丰富的知识资源、独特的学术环境、先进的信息技术，为用户提供各种学习和研究的机会，如阅读研讨、学术讲座、创新实验等。图书馆也可以利用其公共空间，为用户提供交流与合作的平台，促进知识的碰撞和创新的产生。

二、构建开放式服务模式

构建开放式服务模式是高校图书馆社会化服务的核心路径。在这个过程中，首要的任务就是更新服务理念，理清高校图书馆社会化服务的精确定位，并决心打破原有服务模式的局限性。服务模式的创新变革能够推动高校图书馆从仅面向本校师生服务向面向全社会人群服务的角色转变。这种转变使高校图书馆服务的对象包括了社区用户、政府用户、企业用户、农村用户等多元化和复杂化的用户群体。

由于社会化服务对象的多元化，高校图书馆社会化服务的内容也需做出相应的调整。高校图书馆必须全面了解不同用户对文献信息的不同需求，深入掌握用户的信息意识、信息接受能力以及个性化需求等方面的差异，然后根据每个用户群不同的需求和情况，为其提供精准的信息服务。在服务功能上，高校图书馆需要积极拓展社会化服务的功能和项目，以满足社会用户的多元化信息需求。全面化、全方位地向社会用户开放各种服务项目，能够最大限度地发挥高校图书馆在推动社会发展、促进经济增长和助力提升全民文化素质等方面的功能。从深层次看，开放式的服务模式对于高校图书馆来说，其实是一种对自身服务理念和方式的深度改革。这种改革要求图书馆具备全面、深入了解社会用户需求的能力，也需要图书馆有改变自我、接受新事物的开放精神。

在构建开放式服务模式的过程中，高校图书馆需要摒弃传统的以图书馆为中心的服务方式，转向以用户为中心的服务方式。在这个过程中，图书馆不仅要满足用户的基本信息需求，还要积极参与到用户的学习、研究、工作等各个环节中，真正成为用户的合作伙伴。开放式服务模式还需要高校图书馆有深度合作和资源共享的思维。只有图书馆间的合作和资源共享，才能使每一个图书馆都能充分利用自身的优势，提供更高效、更高质量的服务。对于图书馆来说，合作和共享不仅能提升服务效率，还能提升自身的竞争力。

通过构建开放式服务模式，高校图书馆能够最大限度地满足社会用户的多元化信息需求，提供更加个性化、更加精准的服务，从而更好地发挥其在促进社会发展、推动经济增长、提升全民文化素质等方面的功能。这既是高校图书馆社会化服务的目标，也是高校图书馆发展的必然趋势。

三、提升深层次服务能力

深层次服务包括但不限于代查代检服务、科技查新服务、定题服务、市场信息咨询服务、企业信息咨询服务等，这些服务所涵盖的领域广泛，对专业深度、业务能力等具有较高的要求，同时对图书馆的资源和馆员素质也有着严苛的要求。

高校图书馆的馆藏资源质量和数量是深层次服务能力的基础，也是图书馆是否能够满足教学、科研以及社会用户多元化需求的关键。这就要求图书馆在收藏资源的过程中，既要考虑到教学和科研的需求，也要考虑到社会用户的多元化需求。在这一过程中，图书馆还需要注重发展自己的特色馆藏，优化自身的知识服务能力。在获取信息资源方面，图书馆需要运用创新的方式和手段，提高获取资源信息的能力，尽可能增加信息资源的数量和质量，从而提高自身在信息竞争中的核心竞争力。这需要图书馆具备敏锐的市场观察力，能够及时发现并抓住信息资源的获取机会，也需要图书馆有高效的信息处理和整合能力，能够迅速地将获取到的信息资源转化为用户所需的信息服务。

馆员素质的提升也是提升深层次服务能力的重要环节。图书馆员应具备相应的学科背景、广阔的知识面、娴熟的计算机技术能力，以及强大的信息分析和综合处理能力。这就需要图书馆对馆员进行持续的培训和学习，帮助他们提升专业技能，拓宽知识面，以适应不断变化的信息服务需求。同时，图书馆还需要对馆员进行激励，以提高他们的工作积极性和创新性，鼓励他们主动发现和解决问题、创新服务方式和手段。

高校图书馆需要充分利用自身优势，对信息资源进行深度开发，提供多层次、多样化的信息产品，以满足社会各类用户的需求。这既是图书馆提升自身服务能力的必要条件，也是图书馆取得更大社会效益和经济效益的关键所在。

四、培养多元化服务团队

在高校图书馆社会化服务的进程中，用户需求和服务方式呈现出多元化的趋势。为了提升图书馆社会化服务的能力，构建多元化的团队是至关重要的。在当前，信息技术和高新技术的发展速度加快，用户的信息需求也日益显现出广泛性和多元性。因此，高校图书馆应当优化人力资源结构，提升人才多元化知识和多学科能力的建设与培养，明确发展目标，完善人力资源建设支持体系，解决机制和制度方面的问题。只有如此，才能打造出知识结构合理、专业化程度高、职业道德水平高的人才队伍。

实现这一目标的首要任务是完善学历结构和专业结构，根据服务内容和服务层次划分不同的团队，并配备不同层次的人才。社会服务管理团队应主要负责社会化服务的管理工作和使用咨询工作，该团队的成员主要应是业务水平一般的普通馆员和校内志愿者。信息技术团队则应负责关于电子设备和各类软件使用指导以及电子资源利用问题，主要应由具有计算机及网络相关知识的馆员组成。学科服务团队应提供信息追踪、资源分析等深层次知识服务，应由具有专业知识背景的高学历、高素质人才担任。同时，图书馆还需要完善人力资源的建设支持体系，通过解决机制和制度等方面的问题，为建设一支知识结构合理、专业化程度高、职业道德水平高的人才队伍提供保障。以此方法构建的多元化社会服务队伍，其结构更加合理，素质更优良，善于协作，勇于创新，能够更好地提升高校图书馆社会化服务的能力，满足社会化服务中社会用户的多层次、多学科、多元化的信息需求。

五、拓展高校图书馆社会化服务空间

随着科技的快速发展和社会的进步，高校图书馆的社会化服务不断发展变化，需求不断升级，服务空间也需要不断拓展，以满足用户多样化的需求，同时也促使了高校图书馆社会化服务能量提升。以下是高校图书馆服务空间拓展的几个重要方面（见图5-4）。

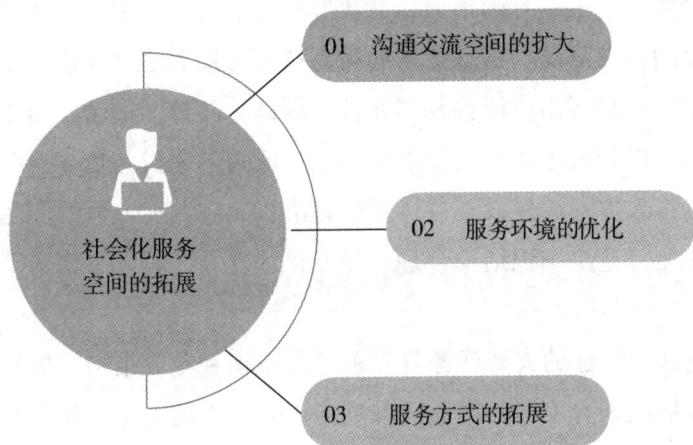

图5-4　高校图书馆社会化服务空间的拓展

（一）沟通交流空间的扩大

图书馆工作人员与用户之间的沟通交流是提供优质服务的关键。在服务过程中，图书馆工作人员需要具备高效的沟通技巧，能够充分了解用户需求，主动帮助他们解决信息资源查找、图书馆技术应用等问题。良好的沟通交流能使图书馆工作人员从用户需求描述中获得拓展信息，从而更精准、全面、深入地了解用户需求，以便针对性地提供和开展服务。

（二）服务环境的优化

随着高校图书馆社会化服务的拓展，图书馆的物理空间不仅需要满足校内用户，还要满足社区用户的需求。这就要求图书馆科学规划物理空间，根据不同类型的用户和他们的需求进行空间分配，构建一个校内外用户共享的学习空间。图书馆需要根据不同区域的需求合理分配文献资源、人力资源和服务资源，以便最大化利用图书馆有限的空间。此外，高校图书馆还可以创建虚拟学习空间和交流平台，进一步拓宽图书馆的服务空间，以满足用户在不同空间与时间的交流或学习需求。

（三）服务方式的拓展

数字技术和通信技术的快速发展，以及网络的普及，深刻影响了用户的学习和生活方式。用户更倾向于通过更快捷、便利的方式满足他们的阅读、学习、工作等方面的信息需求。这就需要高校图书馆创新服务方式，强化数字资源建设，将图书馆的优质特色资源转化为数字资源，建立具有特色的文献数据库，以方便用户随时随地利用这些资源。数字资源的无形性和便利性消除了时空限制，为社会用户提供了更多的便利。高校图书馆需要积极创新服务方式，加强数字资源和网络资源建设，为用户提供更快捷、便利、丰富和高效的服务，提升图书馆服务能力。

六、健全高校图书馆公共服务体系

高校图书馆的社会化服务是一个重要的发展方向，需要我们进一步加强探索和研究。尤其是在高校图书馆公共服务体系的构建中，更应该关注如何利用丰富的文献资源，提供满意的信息服务，以及如何与社会进行更广泛的合作，实现信息资源的共建共享，从而满足社会的多元化需求。

高校图书馆拥有丰富的文献资源。然而，高校图书馆在社会化服务过程中，所面对的社会用户群体庞大，信息资源有可能存在一定的局限性，无法满足所有用户的需求。因此，高校图书馆需要积极寻求与政府、企业等机构的合作，共建共享信息资源，以拓宽信息资源的容量，提高信息资源的利用率，满足社会的多元化需求。

地域性的合作是一种重要的合作方式。高校图书馆需要根据所处地域的特点，找准合作的定位和切入点，与当地的公共图书馆开展合作，共同推动区域内的公共信息服务体系建设。同时，高校图书馆还需要加强与社区的合作，了解社区居民的信息需求，提供满足其多样化和个性化需求的信息服务，提高社区居民的整体文化素质，建设先进的公共文化和公共服务体系。政府和企业是高校图书馆的重要合作伙伴。通过与政府的合作，高校图书馆能够为政策决策提供理论支持；通过与企业的合作，高校图书馆能够为企业提供市场信息和科技支持。这种合作不仅能够实现资源的共建共享，也能够推动高校图书馆自身的发展，为社会创造更大的经济效益和社会效益。

高校图书馆应该积极整合政府、社会等各方面的资源，构建一种互动的社会化服务机制，以进一步拓展社会化的范围和途径，实现高校图书馆、政府、社会的公共服务体系运行机制，保障公共服务功能的充分发挥，实现公共服务体系的完善和有序运转。

第三节　高校图书馆社会化服务的实施保障

高校图书馆社会化服务需要政策、制度、技术、设施和人力资源等方面建立全面、系统的保障体系，以保障高校图书馆社会化服务的实施，保证高校图书馆更好地完成其社会服务使命，为社会进步做出更大的贡献。

一、政策方面的保障

高校图书馆社会化服务必须在国家、政府相关部门和行业协会的全力支持和配合下开展，需要从国家法律法规、地方政策法规、行业协会规章条例等方面形成全方位的政策保障体系，推进高校图书馆社会化服务的开展和进一步深化（见图5-5）。

国家法律法规方面

地方部门的政策法规方面

行业协会的规章条例

图5-5　高校图书馆社会化服务政策方面的保障

（一）国家法律法规方面

高校图书馆社会化国家层面的保障主要体现在我国的《宪法》《高等教育法》《普通高等学校图书馆规程》《公共图书馆法》等相关法律法规中。

1.《宪法》中的相关规定

我国《宪法》在第一章第二十二条中明确规定：国家发展为人民服务、为社会主义服务的文学艺术事业、新闻广播电视事业、出版发行事业、图书馆博物馆文化馆和其他文化事业，开展群众性的文化活动。由于以上规定中申明了图书馆必须面向人民群众开展社会主义文化事业，因此高校图书馆社会化服务的开展是宪法赋予的神圣权利和不可推诿的义务。

2.《高等教育法》中的相关规定

我国《高等教育法》中也有对高校图书馆社会化服务方面的相关内容和规定。在第十二条中规定：国家鼓励高等学校之间、高等学校与科学研究机构以及企业事业组织之间开展协作，实行优势互补，提高教育资源的使用效益。以上规定对高校与企事业单位以及科研合作促进对教育资源的利用方面提出了相关要求。因此高校图书馆作为学校的重要机构，应该贯彻《高等教育法》的相关规定，充分利用其资源优势，与科研学校、企事业单位进行深度合作，面向社会逐步开放，以提高图书馆信息资源的使用效益。

3.《普通高等学校图书馆规程》中的相关规定

1987年，教育部出台了《普通高等学校图书馆规程》，在第十条中做出规定：有条件的高校图书馆，要发挥学校的资源和人才优势，开展面向社会的文献情报和技术咨询服务，可根据材料和劳动的消耗或服务成果的实际效益收取适当费用。2002年《普通高等学校图书馆规程》进行了修订，第二十一条规定：有条件的高等学校图书馆应尽可能向社会读者和社区读者开放。面向社会的文献信息和技术咨询服务，可根据材料和劳动的消耗或服务成果的实际效益收取适当费用。2015年，《普通高等学校图书馆规程》（2015年修订）发布。在第三十七条中规定：图书馆应在保证校内服务和正常工作秩序的前提下，发挥资源和专业服务的优势，开展面向社会用户的服务。由此可见，《普通高等学校图书馆规程》对高校图书馆社会化服务的职能进行了更进一步的明确，为高校图书馆社会化服务的发展指明了方向。

4.《公共图书馆法》中的相关规定

我国图书馆方面的立法工作从2001年就开始进行探索。当时提出的《公共图书馆法》涵盖各类型、各级别的图书馆，但是由于在立法的论证过程中，图书馆界内部的想法不能实现统一，因此被迫中断，但是国家对图书馆立法方面的规划工作并没有停止。2004 年，中宣部《关于制定我国文化立法十年规划（ 2004—2013 ）的建议》中，将图书馆法列入立法规划。2006 年，中共中央办公厅、国务院办公厅印发的《国家"十一五"时期文化发展规划纲要》中明确要加强文化立法，图书馆法就是文化立法中很重要的一个方面。在十一届全国人大常委会立法规划中，图书馆法被列为审议的项目。2008 年 11 月在文化部（现文化和旅游部）的主导下图书馆的立法工作重新启动。2010 年 3 月，《公共图书馆法》征求意见稿起草完成，2011 年 3 月，征求意见稿第二稿完成；2011 年 12 月，文化部（现文化和旅游部）将《公共图书馆法》送审稿报送国务院。2018 年 1 月 1 日，经过将近 20 年的波折，《公共图书馆法》正式实施，作为国家层面的公共文化领域的第一部专门法律，它的出台具有重要意义，其强调了保障公民基本文化权益，按照平等、开放、共享的要求向社会公众提供服务等内容，为高校图书馆社会化服务的发展提供了方向指引和借鉴。

（二）地方部门的政策法规方面

2002 年，北京市第十一届人民代表大会常务委员会第三十五次会议通过了《北京市图书馆条例》。该条例共七章四十五条，对北京市的各类型图书馆进行了规范，其中第十条明确指出：本市鼓励学校、科学研究机构以及社会团体、企业、事业单位的图书馆（室）向社会开放。该条例是我国第一部综合性的图书馆法规，也是在综合性法规中首次提到学校图书馆社会化的问题。

1996 年，上海市人民政府发布《上海市公共图书馆管理办法》。2002 年 11 月 18 日，对其进行了进一步修订。其他省市也相继出台了图书馆方面的政策和法规：浙江省人民政府 2003 年实施《浙江省公共图书馆管理办法》，山东省人民政府 2009 年实施《山东省公共图书馆管理办法》，河南省人民政府 2002 年实施《河南省公共图书馆管理办法》，等等。这些管理办法的实施分别从公共图书馆建设与经费、公共图书馆服务与读者权益、文献信息资源及工作人员等方面进行了说明和规定，其中拓展服务领域和服务功能、采取多种服务方式提高文献信息资源利用率、为当地经济社会发展和科学研究提供服务等内容为高校图书馆社会化服务提供了理论参考和方向指导。

（三）行业协会的规章条例

行业协会的规章条例也为高校图书馆社会化服务的开展提供了政策方面的保障。

2008 年，中国图书馆学会发布《图书馆服务宣言》，第二条指出：图书馆向读者提供平等服务。各级各类图书馆共同构成图书馆体系，保障全体社会成员普遍均等地享有图书馆服务。第五条指出：图书馆开展信息资源共建共享。各地区、各类型图书馆加强协调与合作，促进全社会信息资源的有效利用。第六条指出：图书馆努力促进全民阅读。图书馆为公民终身学习提供保障，促进学习型社会的建设。这些内容对高校图书馆社会化服务的内容和发展方向提供了进一步的指导。

2005 年，"数字时代图书馆合作与服务创新"国际研讨会暨第三届中美图书馆员高级研究班在武汉大学信息管理学院举办，在此期间，主办方邀请了 50 多位来自全国各地高等院校的图书馆馆长，并于 7 月 8 日举办了"中国大学图书馆馆长论坛"。该论坛回顾了我国图书馆界馆际合作与资源共享多年来的发展历程，探讨了在实现信息资源共享道路上尚需克服的障碍与问题，讨论并原则通过了《图书馆合作与信息资源共享武汉宣言》。它虽然是一份提倡社会信息资源共建共享的宣言，但是对高校图书馆社会化工作方面的推进作用非常显著。2008 年，中国图书馆学会正式发布《图书馆服务宣言》，宣言中进一步强调了图书馆对社会开放的重要职能、各类图书馆之间应该加强协调与合作，促进全社会信息资源的有效利用。作为中国图书馆界的第一个行业宣言，《图书馆服务宣言》是全体图书馆员向全社会的庄严承诺，它标志着中国图书馆界步入了行业自觉的新时代，也标志着我国高校图书馆社会化服务工作进入了一个新的阶段。

2012 年，首都图书馆联盟正式成立，联盟由位于北京行政区域内的国家图书馆、党校系统图书馆、科研院所图书馆、高等学校图书馆以及医院、部队、中小学图书馆和北京公共图书馆共 110 余家图书馆自愿联合发起并成立。联盟成立伊始，便推出了十项惠民措施。成立大会上，北京大学图书馆馆长、联盟副主席朱强代表北京高校图书馆界向社会宣布，北京大学、清华大学等 34 所高校图书馆将向社会免费开放。首都图书馆联盟的成立以及十项惠民措施的推出，对于高校图书馆社会化服务工作起到了极大的鼓舞和推动作用。为高校图书馆社会化服务的广泛性、深层次开展提供了可能。

二、制度方面的保障

由于目前阶段我国各高校图书馆社会化服务的情况各不相同，关于图书馆社会制度还没有制定统一的标准。高校图书馆应该结合本校的实际情况，在保证高校图书馆校内服务的前提下，制定关于高校图书馆社会化服务的相关制度，形成有效的制度保障体系。具体而言，高校图书馆社会化服务制度保障体系的构建主要包括以下三方面内容（见图5-6）。

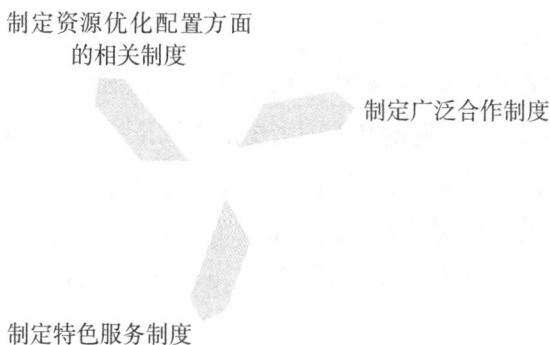

制定资源优化配置方面
的相关制度

制定广泛合作制度

制定特色服务制度

图5-6　高校图书馆社会化服务制度保障体系的构建

（一）制定资源优化配置方面的相关制度

在高校图书馆社会化服务的实施过程中，制度保障扮演着至关重要的角色。考虑到我国各高校图书馆社会化服务情况的差异，以及关于图书馆社会化服务制度尚无统一标准的现状，各高校图书馆需要根据自身实际情况，在保证高校图书馆校内服务的基础上，逐步制定出适合自身的社会化服务相关制度，构建有效的制度保障体系。资源优化配置相关制度主要涉及以下三个方面：文献信息资源的合理布局、实体资源与虚拟资源的合理配置以及提高信息资源的共享程度。

1.文献信息资源的合理布局

高校图书馆社会化服务过程中用户对信息的需求不断增长，呈现出多样化的趋势，图书馆要对文献资源进行合理布局，以便满足社会用户不断增长和变化的多样化信息需求。一方面，在高校图书馆经费允许的情况下，要对图书馆文献信息资源进行适当补充，并根据语种、品种、复本、数量等对文献信息资源进行合理的布局。另一方面，高校图书馆在资源配置过程中，要高度重视数字资源的数量和质量之间的关系，在增加信息资源数量的同时不能忽略其质量问题，要正确处理好两者之间的关系，并实现合理布局。

2.实体资源与虚拟资源的合理配置

馆藏实体资源，指馆藏中未数字化的纸质图书、纸质报纸、纸质期刊以及单机版电子文献、馆藏中已数字化的文献信息等；网络虚拟资源，则包括电子数据库、联网的其他图书馆的查询系统、专业资料库等。[①]实体资源的特点决定了其不易于迅速扩展，存储和使用也需要占用大量的空间。因此，图书馆需要根据用户的实际需求，有选择地购买和收藏实体资源。在布局实体资源时，也需要考虑到社会公众的需求，比如购买

---

① 田月霞，金耀，毛忠行，等.高校图书馆资源利用现状及对策研究 [J].常州工学院学报，2018（2）：73-78.

一些适合大众阅读的图书，对于虚拟资源，图书馆需要把握时代发展的步伐，积极引进和使用新的技术手段，如网络、人工智能等，扩展和丰富虚拟资源。虚拟资源的使用不受空间和时间的限制，可以方便地进行存储和传播，对于满足公众的信息需求有着极大的便利。同时，图书馆也要考虑到资源的质量问题，确保虚拟资源的可靠性和有效性，避免传播虚假和无效的信息。

在实体资源和虚拟资源的配置上，不同类型的图书馆应有不同的侧重点。对于综合性的大学图书馆，实体资源和虚拟资源可能对等配置；对于一些研究或者应用型的大学图书馆，可能虚拟的资源配置多于实体的资源；而对于一般的职业技术院校图书馆，可能实体资源配置比虚拟资源多。因此，对于不同类型的图书馆，在社会化服务的过程中，可以根据自身的实体资源与虚拟资源的比例，开展不同程度的对外开放。

3.提高信息资源的共享程度

由于资源有限，高校图书馆之间的资源共享是实现资源优化配置的有效手段。在实践中，可以通过建立联盟、进行馆际互借等方式，实现各高校图书馆之间的资源共享。资源共享不仅可以提高资源的利用率，减少重复购买，还可以丰富图书馆的服务内容，满足更多用户的需求。此外，通过资源共享图书馆也可以开发自建数据库，以提供更具针对性的服务。例如，针对特定的学科或领域，高校图书馆可以整合内部和外部的资源，建立特色数据库，以便为用户提供更准确、更专业的信息服务。

（二）制定特色服务制度

制定特色服务制度是高校图书馆社会化服务的一项重要任务，这不仅能够满足用户的多样化需求，也能够彰显高校图书馆的独特性和价值。要制定针对社会用户的特色服务制度，可以从以下几个方面进行。

1.了解社会用户的需求

了解用户需求是制定特色服务制度的基础。图书馆需要通过调查研究等方式，深入了解社会用户的需求和期望，包括他们在信息检索、文献利用、学术交流等方面的具体需求，以及他们对服务方式、服务环境、服务时间等的偏好和期望。了解这些需求，可以帮助图书馆精准地定位特色服务，避免"盲目开发"和"浪费资源"。

2. 确定特色服务项目

在了解用户需求的基础上，图书馆需要确定具体的特色服务项目。这些项目应当具有直接响应用户的需求、能够满足他们的信息需求、提升他们的学习和研究效率等特点。

3. 制定特色服务流程

有了特色服务项目，图书馆就需要制定特色服务的流程。这包括服务的申请、审核、实施、反馈等环节，每个环节都需要详细规定，明确服务的步骤和责任人，保证服务的顺畅和效率。制定特色服务流程时，应当注意简化流程，避免过于烦琐的步骤和手续，影响用户的体验效果。

4. 制定特色服务标准

除了服务流程，图书馆还需要制定特色服务的标准。这包括服务的质量标准、服务的时间标准、服务的反馈标准等，用以约束服务的提供，保证服务的质量和效果。制定服务标准时，应当注意公正、公平，尊重用户的权益，同时要考虑图书馆的实际情况和能力。

5. 建立特色服务评价机制

图书馆需要建立特色服务的评价机制。这既包括对服务实施的内部评价，也包括对服务效果的外部评价。通过定期的评价，图书馆可以了解服务的优点和不足，不断调整和改进服务，提升服务的质量和满意度。

（三）制定广泛合作制度

高校图书馆在社会化服务过程中要与政府、企业、社区、其他类型图书馆之间制定广泛合作制度，建立起稳定的合作关系，以提高高校图书馆自身的竞争能力以及图书馆社会化服务的质量，具体需要做好以下几个方面的工作。

1.建立政府与高校图书馆的协同合作制度

为了充分利用高校图书馆丰富的信息资源和人才优势，弥补政府资源建设的不足，高校图书馆需要与政府建立广泛的协同合作制度。该合作制度包括与政府相关部门共建信息资源、构建资源共享服务平台以及共建项目等多方面的内容。这种广泛的合作不仅可以得到政府的资金扶持，也有助于高校图书馆社会化服务的发展和公共文化事业的提升。

2.高校图书馆与企业的资源构建共享制度

在整个公共文化服务体系中企业所占的比例并不高，但是企业在文化信息基础设施的建设方面及某些文化产品生产中的优势方面是政府文化行政部门、文化事业单位、非政府组织无法比拟的。[①]高校图书馆与企业可以构建资源信息共享平台、进行项目合作、提供专题服务、科技查新等服务，这既能为高校图书馆社会化服务提供资金支持，也能有效地提升企业的市场竞争力，实现互利互惠。

3.构建社区与高校图书馆的互利合作制度

高校图书馆与社区之间的广泛合作，可以通过构建"社区分馆＋实践基地"形式的项目、建立共享资源信息平台、提供知识讲座和信息服务等方式，满足社区人民的精神文化需求，同时这也为高校图书馆提供了实践机会。

4.建立高校图书馆与其他图书馆的联盟合作制度

高校图书馆通过与公共图书馆、专科图书馆等其他类型图书馆的联盟合作，构建统一的文献建设平台，实现信息资源的共享，做到互通有无。同时，高校图书馆可以借鉴其他图书馆在社会化服务方面的经验，

---

① 王洪娟.高校图书馆构建公共文化服务体系研究[J].齐齐哈尔大学学报（哲学社会科学版），2017（10）：164-166.

从而提高自身的业务能力和专业水平。

三、技术和设施保障

高校图书馆社会化服务的实施，离不开技术和设施的支撑。而在当前数字化、网络化、信息化的趋势下，图书馆的技术和设施保障更应紧跟时代步伐，为社会化服务提供强有力的技术支撑（见图5-7）。

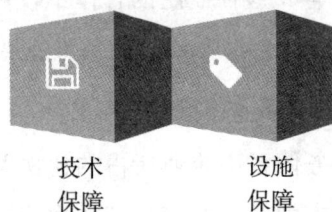

技术　　　　设施
保障　　　　保障

图 5-7　高校图书馆社会化服务技术和设施保障

（一）技术保障

技术保障主要涵盖信息技术、通信技术和管理技术等方面。在信息技术方面，以云计算、大数据、人工智能等为代表的新兴技术，为高校图书馆提供了丰富的技术资源。例如，云计算可以实现图书馆信息资源的集中管理，以提高资源利用率；大数据则可以通过对用户行为的分析，提升图书馆的服务质量；而人工智能可以在信息查询、推荐等方面，提供精准的服务。

通信技术涵盖了网络通信、移动通信等方面，这为高校图书馆的远程服务提供了可能。例如，网络通信可以使图书馆的服务不再受地域限制，用户在任何有网络的地方，都能享受到图书馆的服务；而移动通信则使用户可以在移动设备上，方便快捷地获取信息。

管理技术主要涵盖了信息管理、项目管理等方面。信息管理技术可以提高图书馆信息资源的管理效率，如数据库管理、元数据管理等；而项目管理技术则可以提高图书馆项目的实施效率，如需求管理、进度管理、质量管理等。

（二）设施保障

设施保障主要涵盖硬件设施和软件设施两方面。硬件设施主要包括计算机设备、网络设备、移动设备等，这些设备是实现高校图书馆社会化服务的网络基础。软件设施则包括操作系统、数据库系统、应用软件等，这些软件是实现图书馆社会化服务的工具。

在硬件设施方面，计算机设备是实现图书馆社会化服务的基础，它提供了运行各种应用软件的平台；网络设备是实现高校图书馆服务网络化的基础，它提供了信息传输的通道；移动设备则是实现高校图书馆服务移动化的基础，它提供了用户随时随地获取信息的途径。

在软件设施方面，操作系统是运行其他软件的基础，它提供了基本的运行环境；数据库系统是存储和管理图书馆信息资源的工具，它提供了信息存储和查询的功能；应用软件则是实现图书馆各项服务的工具，例如，图书管理系统、用户服务系统等。

四、人力资源保障

在高校图书馆社会化服务的实施过程中，人力资源保障不可忽视。人力资源包含馆员的专业技能、服务意识和团队协作能力等诸多要素，能够直接影响到图书馆服务的质量与效果（见图5-8）。

图 5-8　高校图书馆社会化服务的人力资源保障

（一）专业技能

图书馆员的专业技能不仅涵盖了对图书馆学基础理论、信息检索、用户服务等知识的深入理解，还包括了对最新的图书馆科技和工具的熟练掌握。在这个信息时代，图书馆员的专业技能更加重要，因为他们需要对大量的数据进行管理、分析和整理，同时需要利用各种工具和平台来为用户提供高效、便捷的服务。

对图书馆学基础理论的深入理解是馆员的基础技能。它包括对图书馆的定义、功能、类型以及服务方式等基本知识的理解。只有对图书馆学基础理论有深入的理解，馆员才能准确理解图书馆的使命和目标，从而更好地为用户服务。信息检索技能是图书馆员的核心技能。在现代社会，信息是一种重要的资源，但是，由于信息的数量巨大、更新速度快、类型多样，使信息检索变得越来越复杂。因此，图书馆员需要掌握丰富的信息检索技巧和方法，包括关键词搜索、布尔搜索、主题搜索、元搜索等，以便快速、准确地找到用户需要的信息。用户服务技能是图书馆员的关键技能。图书馆员需要熟练掌握各种用户服务技巧和方法，包括咨询服务、指导服务、推荐服务等。通过提供优质的用户服务，图书馆员能够帮助用户更好地利用图书馆的资源，满足他们的学习、工作和研究需求。

（二）服务意识

作为一种面向用户的服务态度，服务意识对于推动图书馆工作的顺利进行有着深远影响。服务意识强的图书馆员会以更高的标准为用户提供服务，更能了解和满足用户的需求，从而使图书馆的服务得到持续的改进和提升。图书馆员的服务意识主要体现在以下三个方面。

1.关注用户需求

图书馆的一切服务都是为了满足用户的需求。图书馆员要关注用户的需求，不断调整和优化服务内容和方式，以满足用户日益变化和多元化的需求。

2.热情服务

对于图书馆员来说，热情服务是服务意识的重要体现。无论是面对面的服务，还是在线的服务，馆员都要以热情、专业的态度为用户提供服务，给予用户积极、友好的服务体验。

3.主动服务

主动服务意味着图书馆员需要主动寻找服务的机会，而不是被动等待用户的请求。主动服务可以提前发现和解决问题，更能满足用户的期待，提高用户的满意度。

（三）团队协作能力

团队协作能力并非自然形成，而是在长期的实践中磨炼出来的。高校图书馆在社会化服务的过程中，当面对大量、多样化的用户需求时，一名图书馆员的力量是有限的，需要全体图书馆员的共同努力才能满足。特别是在解决一些复杂问题时，团队协作能力的发挥就更为关键。每个馆员都有自己的专长和特长，大家可以互相学习，互相补充，形成解决问题的合力。而想要提升团队协作能力，就需要在日常工作中不断实践、学习和反思。每个馆员都要有高度的责任感和使命感，这是团队协作的基础。要提升沟通交流的技巧，清晰、及时的信息传递是提高工作效率、保证工作质量的前提。此外，建立良好的团队氛围也很重要。在团队中，要尊重每一个成员，信任他们的能力和工作，这样才能形成良好的团队合力。

第四节　高校图书馆社会化服务发展新措施

高校图书馆社会化服务是一项长期的工作，需要在实践过程中不断总结完善，才能促进其健康、持续发展，并保持正确的发展方向和良好的发展态势。高校图书馆社会化服务发展的新措施需要从以下几个方面开展。

一、统一认识，加大宣传力度

高校图书馆社会化服务需要统一认识，改变传统观念，强化对高校图书馆社会化服务工作的宣传，积极动员各方力量，采取多元化举措，推动高校图书馆社会化服务的深入发展。

（一）统一认识

要深化高校图书馆社会化服务工作，必须从各层面转变观念，统一认识。要以最大化利用资源为出发点，尽可能提升信息资源的使用效率，防止信息资源闲置。因此需要从上到下形成观念转变：

政府要强化对高校图书馆社会化服务工作的认识，在制定政策和法律时应充分认识到高校图书馆社会化服务的重要性，并在资金、制度、队伍建设等方面付诸实际行动。高校也要重视高校图书馆社会化服务工作，及时在思想上转变观念，树立全局意识，把高校图书馆置于社会的大环境中，让高校师生用户成为社会信息用户的一部分，在满足本校师生信息需求的基础上，设立相关的制度，采取有效措施，为社会用户提供服务。社会各方面也需要增强对高校图书馆社会化服务工作的认识，通过参与高校图书馆社会化服务建设，通过多种渠道，为高校图书馆社会化服务提供人力、财力和物力上的支持。高校图书馆管理者和服务人员也要端正认识，及时转变观念。以信息资源最大化利用和满足社会用户的信息需求为出发点，尽全力为社会用户提供服务，实现信息资源利用的最大化。

（二）加强宣传

高校图书馆需要加大社会化服务工作的宣传力度，在向社会用户提供服务的同时，积极宣传，让更多的社会用户认识到高校图书馆，了解高校图书馆的服务内容和服务方式。

可以利用多种媒体渠道，全方位、多角度地宣传高校图书馆的社会化服务，让更多的社会用户了解高校图书馆，例如，与社区加强合作，开展宣传活动、举办各种讲座等形式，使社区居民了解高校图书馆的社会化服务，引导他们利用高校图书馆的信息资源。高校图书馆本身也需要加强对社会化服务工作的宣传，例如，可以利用高校的官方网站、社交媒体等渠道，向社会公众介绍图书馆的服务内容和服务方式，引导他们来高校图书馆利用信息资源。

二、创新服务方式，扩大社会影响力

想要扩大高校图书馆社会化服务工作的影响力，服务方式创新显得尤为重要。高校图书馆创新服务方式，扩大社会影响力，建议从以下几个方面进行（见图 5-9）。

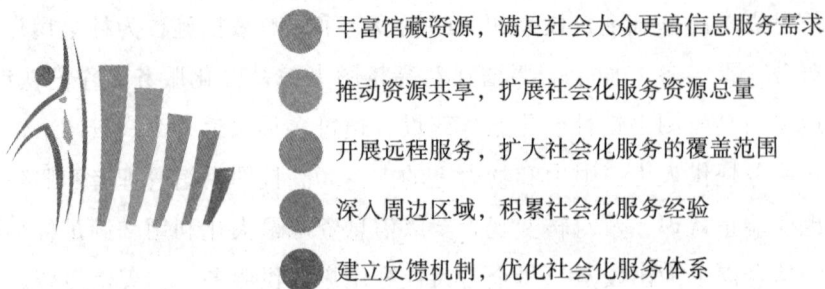

● 丰富馆藏资源，满足社会大众更高信息服务需求

● 推动资源共享，扩展社会化服务资源总量

● 开展远程服务，扩大社会化服务的覆盖范围

● 深入周边区域，积累社会化服务经验

● 建立反馈机制，优化社会化服务体系

图5-9　高校图书馆社会化服务扩大影响力措施

（一）丰富馆藏资源，满足社会大众更高信息服务需求

高校图书馆在进行社会化服务的过程中，馆藏资源要能够满足社会大众的需求。特别是在信息量激增的今天，公众对信息资源的需求呈现出更高的层次和更多元化的趋势。高校图书馆应深入了解社会用户的需求，相应地补充和调整馆藏资源。在数字资源方面，应在法律许可的范围内，利用其便利、快捷、实惠等优点，将其作为馆藏资源建设的重点，构建具有高校特色的资源库，并对社会进行免费开放，以满足社会用户的多元化需求。

（二）推动资源共享，扩展社会化服务资源总量

中国的高校图书馆、公共图书馆、专业类图书馆、儿童图书馆等在发展过程中存在着资源分散和交流不足的问题。实现图书馆间的资源共享与合作一直是图书馆界所倡导和努力的目标。特别是在信息技术和网络技术的支持下，馆际合作的可能性将大大增强。高校图书馆在推行社会化服务的过程中，需要在资源共享和文献传递等方面积极探索，并尽可能充分实现各类图书馆间的合作和资源共享，以提供更丰富的信息资源给社会用户。

（三）开展远程服务，扩大社会化服务的覆盖范围

高校图书馆社会化服务的全面开放是一个逐步的过程，需要在充分满足校内师生需求的前提下，逐步向社会公众开放。在高校图书馆资源有限的情况下，新技术的应用，如数据挖掘和数据服务，为高校图书馆社会化服务提供了远程服务的新方向，拓展了其服务的覆盖范围。数字资源的构建，可以打破传统服务模式的限制，提高服务的及时性和针对性，实现随时随地的信息获取和交流。

（四）深入周边区域，积累社会化服务经验

依托高校的地域优势，图书馆可向周边社区、村镇扩展服务，以全面了解社会用户的需求，吸引更多用户使用图书馆服务，增加图书馆的影响力。通过在周边社区、村镇开展社会化服务试点，可以积累丰富的服务经验，不断调整和完善服务模式和服务内容，满足更广泛用户的信息需求。例如，可以通过公开课、专题讲座、阅读推广活动等方式，进行社会教育和文化传播，提升图书馆的社会服务水平。

（五）建立反馈机制，优化社会化服务体系

在推行高校图书馆社会化服务的过程中，建立完善的反馈机制也是十分重要的一环。图书馆可以通过问卷调查、访谈、座谈会等方式，收集社会用户对图书馆服务的意见和建议，不断改进和提升服务质量。同时，高校图书馆还应加强与其他社区图书馆、公共图书馆的合作和交流，学习和借鉴其成功的经验和做法，推动自身服务的社会化进程。

通过上述的方式和方法，高校图书馆不仅能够充分利用自身的资源优势，更好地满足校内师生的需求，还能够对社会用户提供更加优质、更加多元的信息服务，真正发挥出图书馆的社会价值和影响力。

三、实行社会化管理，提高服务水平

有序、高效、稳定、持久的社会化服务需要高校图书馆建立健全完善的社会化服务管理制度，以提高其服务水平。

（一）健全社会用户的管理措施和规章制度，寻求最佳平衡点

无规矩不成方圆，高校图书馆要对外开展社会服务，必须制定完善的管理措施和规章制度，只有这样才能保证高校图书馆对外开展服务的合理、有序、持久。建议高校图书馆在保证校内正常教学工作服务的前提下，从以下几个方面制定涉及校外用户服务的相关制度：（1）社会用户管理办法。包括社会用户对象、办证要求、收费标准、服务内容、服务范围、服务协议以及相关注意事项等，理顺相关内容才能更好地为社会用户服务。（2）社会用户素养教育。包括社会用户入馆教育、知识产权（版权）意识培养等相关培训，通过该系列素养教育后才可以办理借阅证。（3）社会用户网络访问入口。包括相关规章制度的网页栏目设置、归属等，这是高校图书馆对外开展社会服务的窗口形象。（4）社会用户监测评估体系。包括社会用户数量、活跃用户数量、违规用户数量、每月入馆人数、借书数量、到期应归还图书数量、滞纳金额、押金金额等监测评估数据，这以便高校图书馆实时监测对外开展社会服务的效果，动态调整对外开展社会服务的对象、时间、内容等相关业务，更好地在本校的用户信息需求与图书馆的整体信息服务能力之间寻求一个最佳平衡点。

（二）健全工作人员的社会化服务制度，保障服务能力

第一，高校图书馆社会化服务管理委员会要坚持推行人员负责制和工作事务公开制，建立起由馆长负责，职责到人的人员负责制，提高高校图书馆的整体管理水平和人员的责任感。第二，高校图书馆社会化服

务管理委员会在图书馆馆长、主管校长、行业人员等基础上，吸收一定数量、不同层次的社会用户参与进来，加强对高校图书馆社会化服务的各方面的监督，促进高校图书馆社会化服务的持续发展和不断提高。第三，在高校图书馆社会化服务中要实行严格的岗位聘用制，所有人员都要通过公平、公正的聘任制度，竞争上岗，建立起能上能下、能进能出的灵活用人机制。对于技术人员、专业人员要求严格按照上岗资格认证制度，持证上岗。第四，建立馆员相关评价体系和激励机制，建立以不同层次用户为中心的评价小组，结合职工平常社会化服务开展过程中的总体表现和工作质量作为评价依据，建立综合度高、科学客观的高校图书馆社会化服务评价体系。激励体系要实行绩效优先兼顾一般的分配策略，采用多种激励手段相结合的综合激励方式，并与职务（称）晋升、继续教育等挂钩，对超额完成工作量的职工要重点倾斜，以鼓励他们积极投身到高校图书馆社会化服务中。

四、增强整体效能，提高服务质量

现今与高校图书馆结成的联盟有地域性的中心图书馆、高校图工委，也有行业性的图书馆联盟，如农业系统的高校图书馆工作委员会、民委系统的高校图书馆工作委员会，还有数字资源的图书馆联盟，如 CALIS、CASHL 等。这些不同的高校图书馆联盟，在各自的系统当中，互相合作，共建资源，互通信息，基本达到资源共享的状态。但高校图书馆要增强其社会化服务的效能，提升服务质量，需加强如下工作。

其一，提高各联盟文献信息资源的使用率。从现状来看，所有图书馆联盟的资源共享状态虽然比较好，但还需进一步采取措施，如共建网络信息资源存储平台、优化远程传递程序等，进一步提高联盟各成员馆的文献信息使用率。其二，制定必要的规则、协议和服务评估标准，以促进成员馆之间信息、人力等资源要素的自由流动和服务效率的提升。

其三，成员馆注重资源布局的分工和梯度，形成完整的产业资源配置链，增强整体资源优势，提高整体的社会化服务水平。其四，建立连接国际的信息资源共享平台和综合服务体系，按市场机制运作，为高校图书馆开展社会化服务提供资源保障，增强整体效能。其五，加强区域图书馆间的资源采集规划衔接，防止重复建设，避免浪费，提高资源利用率。尤其需要注意的是：同一区域内不同类型图书馆要选择最适合自己特色的资源类型进行建设；而对于跨区域、跨行业的图书馆联盟，要取长补短，相互补充整合资源。其六，建立畅通的信息交流平台，搭建功能完善、服务周到、覆盖面广的联合体交流网络，共同构建图书馆间多元化、高效率、资源共享的大流通格局，实现融合共享，真正使图书馆联盟形成一个开放、竞争、统一有序的良好互动沟通格局。

第六章 高校图书馆的学科服务与社会化服务的整合

第一节 学科服务与社会化服务的整合需求

在信息爆炸的时代背景下，社会对信息和知识的需求日益增长且多元化。高校图书馆，作为重要的知识服务机构，需要不断创新服务模式，扩大服务领域，以满足社会的广泛需求。将学科服务与社会化服务整合，形成全方位、多层次、宽领域的服务模式，能够有效满足不同用户群体的需求，提升图书馆的服务质量与社会价值。因此，研究学科服务与社会化服务的整合需求，对于指导高校图书馆服务工作，推动其向更高水平发展具有重要的理论和实践意义。

一、学科服务与社会化服务整合的必要性

高校图书馆作为高等学府的重要部分，一直以来致力于为学术研究和教学提供支持。近年来，随着社会对于知识服务需求的多样化以及科技发展的推动，高校图书馆正面临着从传统的学科服务向多元化服务转

型的挑战。这种转型使学科服务和社会化服务的整合成为一种必要，它不仅能够更好地满足不断发展的社会需求，还能提高图书馆的服务效率和质量，更好地发挥图书馆的社会价值（图 6-1）。

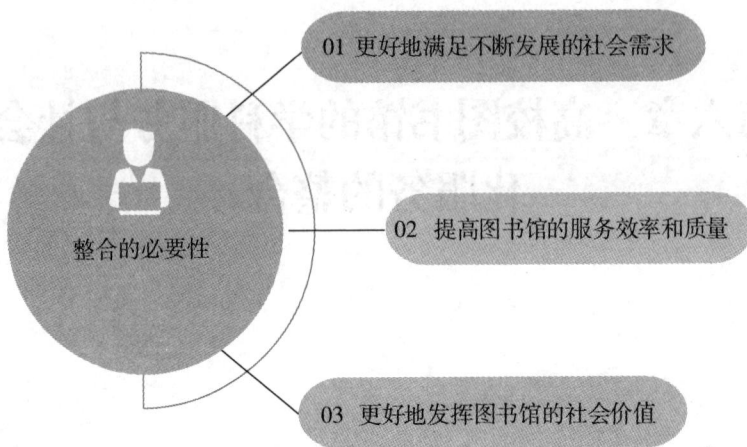

图 6-1　高校图书馆学科服务与社会化服务整合的必要性

（一）更好地满足不断发展的社会需求

学科服务与社会化服务的整合是高校图书馆更好地满足社会需求的一种有效方式。它不仅可以提供更广泛的服务，还可以实现跨学科的知识服务，正好可以满足社会用户的多元化需求。

现今，随着移动终端的普及和社交网络的高速发展，人们的学习和知识获取方式正发生着巨大变化，跨学科的信息资源需求量更大，这就要求高校图书馆的学科服务也必须做出相应的调整。而高校图书馆开展社会化服务，其服务的对象不再仅仅是校内师生，而是多元化的社会用户，这就意味着它们需要提供更广泛的服务，甚至是跨学科的知识服务。高校图书馆如果将学科服务与社会化服务整合，实现跨学科的知识服务，可以更好地满足其多元化社会用户的需求。

（二）提高图书馆的服务效率和质量

以用户为中心，尊重和满足用户的个性化需求，是图书馆服务的核心理念。通过整合学科服务与社会化服务，图书馆可以更全面、更深入地了解用户的需求，提供更符合用户需求的服务。例如，高校图书馆可以利用数据挖掘技术，根据用户的专业背景、研究方向、兴趣爱好等特点进行用户画像分类，为用户提供精准的信息服务，让用户获取有效的信息资源，使用户对图书馆的服务越来越满意，进而提高图书馆的服务质量。

（三）更好地发挥图书馆的社会价值

高校图书馆在进行学科服务的同时整合社会化服务，这是一种适应社会发展和满足社会需求的重要方式。图书馆不仅是学校的学术中心，还是传播知识、培养社会公民的重要场所。

高校图书馆丰富的知识资源不仅服务于学校的教学和科研，还可以为社会公众提供参考和学习的资源。通过开放资源、提供社会化服务，图书馆可以将知识传播给更广泛的社会公众，帮助公众提升知识水平，提高公众的文化素养，这是图书馆的重要社会价值之一。高校图书馆的社会化服务还可以提高图书馆在社会中的影响力。图书馆不仅是学校的学术中心，还是社会的文化中心。通过提供各类知识服务、举办各种文化活动，图书馆可以与社会公众建立更紧密的联系，提高其在社会中的知名度和影响力。

整合学科服务与社会化服务可以使高校图书馆的服务更加贴近社会，更好地满足社会需求。学科服务主要是针对本校师生的深层次、个性化服务，而社会化服务主要是面向社会大众的普泛化服务，将二者整合，使高校图书馆不仅可以满足其用户普泛化的需求，而且可以满足其用户深层次、个性化的知识需求，进而提升图书馆的社会价值。

二、学科服务与社会化服务整合的驱动力

社会环境的变化、教育方式的转变、科技进步以及用户需求的多元化是驱动高校图书馆学科服务与社会化服务整合的重要力量。高校图书馆需要积极响应这些变化，通过整合学科服务与社会化服务，为用户提供更全面、更优质的服务（图6-2）。

1 社会环境的变化
2 教育方式的转变
3 科技的进步
4 用户需求的多元化

图6-2　高校图书馆学科服务与社会化服务整合的驱动力

（一）社会环境的变化

全球化和信息化的快速发展对高校图书馆的服务模式和角色提出了新的要求。对于高校图书馆来说，不仅需要服务于学校的师生，还要服务于社会，以响应社会的广泛需求。因此，学科服务与社会化服务的整合成了图书馆发展的重要方向。

全球化的趋势推动了知识的全球传播和交流，使图书馆的服务对象不再局限于学校的师生，而是包括了全球的学者和公众。因此，高校图书馆需要打破学科服务和社会化服务的界限，通过整合两者，为全球的学者和公众提供更全面、更深入的服务。而信息化和网络化的飞速发展使信息资源的获取和传播方式也发生了根本性改变，传统的纸质资源已很难满足用户的信息需求，这就需要高校图书馆对其馆藏资源进行深度整合、加工或购买，为用户提供便于获取的数字信息资源。高校图书馆

将学科服务与社会化服务整合，既可以满足多元化用户的信息需求与服务，也可以提高其整体资源的使用效能。因此，高校图书馆整合学科服务与社会化服务，是积极主动适应信息化时代的新要求的明智之举。

（二）教育方式的转变

教育方式的转变对高校图书馆的服务模式提出了新的要求，推动了学科服务与社会化服务的整合。通过整合两者，高校图书馆可以为学习者提供更全面、更高效的服务，更好地支持他们的学习和发展。特别是随着在线教育和终身学习理念的普及，以及跨学科交叉的加强，图书馆需要为更广泛的用户，提供持续的学习资源和支持。

在线教育的崛起为学习者提供了更多的学习渠道和机会，使学习者可以在任何地方、任何时间进行学习。这就要求图书馆能够跨越物理空间，提供远程服务，满足学习者的学习需求。为此，高校图书馆需要将学科服务与社会化服务进行整合，利用网络和数字技术，提供电子资源、在线咨询、远程教育等服务，满足学习者的新需求。终身学习的理念更是使学习不再局限于学校，而是伴随着人的一生。这就要求图书馆不仅为在校学生提供服务，还要为社会公众提供学习资源和支持，帮助他们更新知识、提升技能。因此，高校图书馆需要将学科服务与社会化服务进行整合，打造学习资源的共享平台，提供多种学习方式，以满足社会公众的终身学习需求。

此外，随着学科交叉和融合的加强，学习者的学习需求也变得更为复杂和多元。这就要求图书馆能够提供跨学科的资源和服务，以满足学习者的新需求。为此，高校图书馆需要将学科服务与社会化服务进行整合，建立跨学科的资源共享平台，提供跨学科的咨询和培训服务，以满足学习者的新需求。

（三）科技的进步

科技的进步是推动高校图书馆学科服务与社会化服务整合的关键驱

动力。信息科技、网络科技、人工智能科技和信息安全技术的进步，都为图书馆服务的拓展提供了强大的技术支持，使高校图书馆的学科服务与社会化服务得以有效地整合。未来，随着科技的持续进步，这种整合模式将会更为深入和广泛地影响高校图书馆的服务模式，为读者提供更加高效、便捷、个性化的服务。

信息科技的快速发展极大地推动了图书馆服务方式的变革。传统的学科服务主要依赖于纸质资料的采集、处理、检索和服务，但信息科技的发展使这些服务功能得以数字化，信息的检索速度和准确度得到极大的提升，图书馆服务的领域也由此得以拓宽，由学校延伸到社会化服务中。比如，运用数据挖掘技术分析大数据，找寻并推送相关信息，便能为更广泛的读者群体提供更精准的知识服务。

网络科技的发展使图书馆的资源能够在线化，图书馆的服务不再局限于物理空间，可以拓展至虚拟空间，为读者提供远程服务。这样不仅可以服务更广泛的读者群体，还使学科服务与社会化服务的整合更加顺利。人工智能科技的崛起在推动高校图书馆学科服务与社会化服务的整合中发挥了至关重要的作用。运用人工智能，图书馆可以做到精准的读者需求预测，提供个性化的推荐服务。不仅如此，人工智能还可以自动化处理大量的数据和信息，提高图书馆的工作效率。这就使图书馆能够将更多的精力投入社会化服务中，进一步推动其与学科服务的整合。信息安全技术的发展在推动高校图书馆学科服务与社会化服务的整合中也起到了重要作用。随着服务的网络化，信息安全成为图书馆需要面临的重要挑战。信息安全技术的进步使图书馆能够更好地保护其资源和读者信息，增强读者对图书馆服务的信任，为学科服务与社会化服务的整合创造了良好的环境。

（四）用户需求的多元化

随着时代的进步，用户群体的结构越来越多元化，他们的需求也越来越丰富多样。这种变化无疑给高校图书馆带来了挑战，但也为学科服务与社会化服务的整合提供了契机。

在信息时代，用户的信息获取方式和途径发生了重大变化。传统的图书、期刊等资源已经无法满足他们的需求，他们需要更快捷、更直观、更互动的获取方式。而高校图书馆通过整合学科服务与社会化服务，能够以更为创新和开放的方式满足这些需求。例如，引入多媒体和数字化资源，提供在线查询和互动咨询等服务，这些都能够有效地满足用户的多元化需求。用户的需求不仅仅局限于获取信息，他们对于参与学习和研究活动，以及提升个人技能等也有着旺盛的需求。而图书馆通过整合学科服务与社会化服务，能够在资源共享、学习交流、研究支持等多方面提供帮助。例如，组织各种学术讲座、研讨会，提供专业技能培训，都是对用户多元化需求的积极回应。

另外，用户需求的多元化更加强调了图书馆的角色变革。高校图书馆不再仅仅是信息和知识的存储者，更成为学术和社区交流的中心。在这样的背景下，图书馆不仅需要满足学术界的研究需求，还需为更广大的社会公众提供多样化的服务。例如，多元文化的推广和涵盖，图书馆可以设置特色专区，如多语种文献、当地文化资料、国际研究资料，满足不同背景用户的研究和了解需求。对于社区居民和在校学生，图书馆可以组织文化交流活动，如国际日或是当地文化日，让大家对不同文化有更深的了解和尊重。随着科技的发展，虚拟现实、增强现实等技术也为图书馆提供了新的服务方式。图书馆可以通过这些技术设置虚拟的展览或是互动教学，使用户在浏览资料时有更直观、更真实的体验。例如，对于历史或地理相关的资料，用户可以通过虚拟现实技术直接"进入"相关的历史时期或地点，使其增强学习体验。还有，考虑到不同用户的学习和使用习惯，图书馆可以设置不同的学习区，如安静学习区、团队讨论区、数字化资源区等，以满足不同用户的需求。

三、学科服务与社会化服务整合的难点

高校图书馆学科服务与社会化服务的整合是一项系统工程，涉及诸多领域的问题。只有克服这些难点，才能真正实现服务的整合，为读者提供更高质量、更全面的服务（图 6-3）。

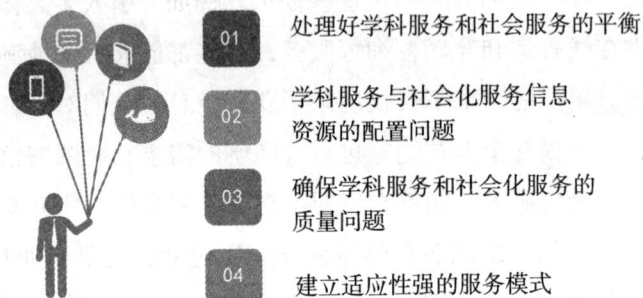

01	处理好学科服务和社会服务的平衡
02	学科服务与社会化服务信息资源的配置问题
03	确保学科服务和社会化服务的质量问题
04	建立适应性强的服务模式

图 6-3　高校图书馆学科服务与社会化服务整合的难点

（一）处理好学科服务和社会化服务的平衡

高校图书馆的服务既要专注于特定学科的深度服务，也要涵盖社会化的广度服务，这是一种平衡的挑战。学科服务需要对特定领域的信息资源有深入理解，而社会化服务则要求具备广泛的知识面和开放的视角。过于专注特定学科的深度服务，可能会忽视了其他学科的需求，也可能忽视了非专业用户的需求；相反，如果过于关注社会化服务的广度，则可能会忽视了特定学科的深度需求，导致服务质量的下降。处理好学科服务和社会化服务的平衡，是一个需要综合考虑的问题。图书馆需要考虑到各类用户的需求，包括专业用户和非专业用户、学科内的用户和学科外的用户。图书馆还需要考虑自身的资源和能力，包括图书馆的藏书、人员、设施、技术等。只有充分考虑了这些因素，图书馆才能在学科服务和社会化服务之间找到一个恰当的平衡。

平衡的处理方式可能会因图书馆的实际情况不同而不同。有些图书

馆可能会选择在特定的时段提供特定的服务，比如在学期中更注重学科服务，在学期间隔时期更注重社会化服务。有些图书馆可能会通过设置不同的服务区域来实现平衡，比如设置专门的学科阅览室和公共阅览室。有些图书馆可能会通过提供不同的服务渠道来实现平衡，比如设置专门的学科咨询台和公共咨询台。处理好学科服务和社会化服务的平衡，不仅需要图书馆的主观努力，还需要用户和社会的理解和支持。图书馆需要积极向用户和社会传达其服务理念，需要倾听用户的反馈，也需要与其他社会机构合作，共同提升服务的效果。

在未来，随着信息技术的发展和社会需求的变化，处理好学科服务和社会化服务的平衡，既是一种挑战，也是一种机遇。只有处理好这个平衡，高校图书馆才能在提供服务的过程中，既满足专业用户的深度需求，又满足广大用户的广度需求，从而实现其社会价值和使命。

（二）学科服务与社会化服务信息资源的配置问题

信息资源配置是依据人们的信息需求，根据信息资源的使用效果和使用频率，并对现在的不合理信息资源分配和分布进行调整的一个过程。[①]高校图书馆的信息资源有限，如何在学科服务和社会化服务之间进行合理配置，是一个实际问题。特定学科的资源可能需要大量的投入，但其受众群体相对较小；而社会化服务的受众群体较大，但其资源需求也更为广泛。因此，如何在这两者之间进行优化配置，以实现服务的最大效益，是高校图书馆需要深思的问题。

对于特定的学科服务，图书馆可能需要投入大量的资源，比如购买专业的数据库、订阅专业的期刊、聘请专业的咨询师等。这些都是必要的投入，因为只有这样，图书馆才能提供高质量的学科服务，满足专业用户的深度需求。对于社会化服务，图书馆也需要投入相应的资源，比

---

① 江莹. 基于信息资源建设与读者服务的高校图书馆发展研究 [M]. 长春：吉林大学出版社，2020：36.

如购买公共的数据库、订阅公共的期刊、提供公共的咨询服务等。这些也都是必要的投入，因为只有这样，图书馆才能提供全面的社会化服务，满足广大用户的广度需求。

在实际操作中，图书馆需要根据自身的资源和能力，以及用户的需求，灵活调整资源配置的策略。在资源充足的情况下，图书馆可以同时投入学科服务和社会化服务中。在资源紧张的情况下，图书馆则需要优先考虑最紧迫的需求，或者寻求外部资源的支持，比如通过合作、共享等方式获取资源。资源配置不仅是一个管理问题，还是一个策略问题。图书馆需要根据自身的定位，制定合适的资源配置策略，从而实现服务的最大效果。这需要图书馆具有敏锐的洞察力，能够准确把握社会需求的变化，还需要图书馆具有创新的精神，能够探索新的资源配置方式，以应对未来的挑战。

（三）确保学科服务和社会化服务的质量问题

在高校图书馆的服务整合中，确保学科服务和社会化服务的质量问题是一个具有挑战性的问题。即如何在提供针对性强、专业化的学科服务和普适性广、公共性的社会化服务的同时，保障这两类服务的高质量。

针对学科服务，图书馆要精准满足特定学科的需求。如何确保深入理解和准确把握每个学科的特点和需求，同时高效地整合和管理学科资源，是学科服务的核心。因此，保证学科服务质量的关键在于建立精准的资源采购体系、系统的资源管理机制和高效的服务流程。精准的资源采购体系要求图书馆能够根据不同学科的特点和需求，有选择性地采购相关的书籍、期刊、数据库等资源。系统的资源管理机制要求图书馆能够有效地整合和管理这些资源，确保资源的有效利用。高效的服务流程则要求图书馆能够迅速响应用户需求，提供及时、专业的服务。对于社会化服务，图书馆要满足各类用户的需求。如何在服务范围广泛的情况下，保持服务的高质量，是社会化服务的挑战。因此，保证社会化服务质量的关键在于建立全面的资源采购体系，开放的资源管理机制和包容的服务流程。全面的资源采购体系要求图书馆能够覆盖各类书籍、期刊、数据库等资源，以满足各类用户的需求。开放的资源管理机制要求图书馆能够包容各类资源，充分利用资源的多样性。包容的服务流程则要求图书馆能够接纳各类用户，提供多元、便捷的服务。

在确保服务质量的过程中，图书馆需要考虑的不仅是内部的管理和运营，还包括与用户和社会的互动。图书馆需要建立有效的服务评估和反馈机制，以了解和满足用户的需求，同时需要引导和教育用户，提高用户的信息素养。在保证服务质量的同时，图书馆需要与时俱进，应对科技和社会的发展，还需要不断更新服务内容，引入新的技术和理念，以满足用户的新需求。

（四）建立适应性强的服务模式

服务模式是图书馆服务运行的基础，而其适应性直接关系到图书馆能否有效地满足用户需求和社会发展的变化。面对不断发展的信息技术和日益多元化的用户需求，高校图书馆必须实现学科服务与社会化服务的有机结合，以提供更高效、更具针对性的服务。为此，高校图书馆需要构建一种适应性强的服务模式，这一服务模式需要既能深入满足特定学科用户的研究需求，又能广泛服务社会化的读者群体，这无疑是对高校图书馆的一项重大挑战。

高校图书馆在实现这一目标的过程中，一方面，需要对已有的学科服务进行优化，以便更好地支持特定学科的教学和研究活动。优化的方式可以是增加特定学科的资源收藏，也可以是提升信息咨询和文献检索的专业性，或者是增设学科专业的研讨和交流活动。优化的目标是让学科服务更加深入、更加专业，以满足特定学科用户的深度需求。另一方面，高校图书馆也需要对已有的社会化服务进行拓展，以便更好地满足广大用户的阅读和学习需求。拓展的方式可以是丰富公共资源的类型和数量，也可以是提供多元化的阅读和学习服务，或者是举办多样化的文化和学术活动。拓展的目标是让社会化服务更加广泛、更加公共，以满足广大用户的广度需求。

第二节　学科服务与社会化服务的整合路径

学科服务与社会化服务的整合是一个动态的、持续的、以用户为中心的过程。通过对用户需求的理解，逐步实现服务的整合，从而提供更有效、更全面、更具创新性的服务，满足用户的需求，推动社会的发展。

一、学科服务与社会化服务整合的目标

高校图书馆学科服务与社会化服务整合的目标不仅包含了满足内部师生的需求，还要涵盖对外部社会公众的服务，让知识流动更为广泛，构建开放、共享、多元、交叉的知识传播环境，具体来说包含以下几个方面（图6-4）。

提供一站式的服务，满足用户的多元化需求

促进知识的传播和普及

优化资源分配，实现效率的最大化

推动社会的创新和进步

图6-4　高校图书馆学科服务与社会化服务整合的目标

（一）提供一站式的服务，满足用户的多元化需求

一站式服务方式是以用户需求为中心的一种服务模式，该模式为用户提供方便快捷、全面综合的服务，旨在满足用户日益复杂和多元化的需求。对于学科服务与社会化服务的整合，也正是基于这样的目标。

在信息爆炸的今天，用户的需求越发复杂和多元化。学生、教师、研究者和公众等各类用户，他们在知识获取、学习、研究和日常生活中，都可能面临信息的需求。这些需求可能涉及特定的学科领域，也可能跨越多个学科领域，还可能涉及社会生活的各个方面。对于这样复杂多元的需求，传统的学科服务往往无法有效地满足，因为它们的服务内容和方式通常都围绕特定的学科领域展开，无法有效应对跨学科或社会化的需求。为了解决这个问题，学科服务与社会化服务的整合提出了一站式服务的理念。一站式服务的核心思想是为用户提供方便快捷、全面综合的服务。用户无须在各个服务平台之间来回跳转，而是可以在一个平台上获取到所需的所有服务。这样不仅可以节省用户的时间和精力，而且可以提高服务的效率和质量。

一站式服务也是一种高度用户导向的服务模式。在设计和提供服务时，始终以用户的需求为出发点和归宿点。只有深入了解用户的需求，才能设计出真正满足用户需求的服务。因此，一站式服务不仅要提供丰富的服务内容，还要提供灵活的服务方式，以适应不同用户的不同需求。比如，对于研究者，可能需要定期提供有深度的学科专题服务；对于公众，可能需要提供普及型的知识服务；对于学生，可能需要提供学习辅导教材或者考研、就业等针对性的个性化服务。

（二）优化资源分配，实现效率的最大化

对于高校图书馆来说，优化资源分配，实现效率最大化是学科服务与社会化服务整合的重要目标之一。在学科服务与社会化服务之间，资源的重叠是一种常态，整合可以解决这种重叠，实现资源的高效利用，

提高服务的效率。

学科服务与社会化服务都需要大量的信息资源，如数据库、期刊、专著、论文、报告、新闻等。在传统的服务模式中，这些资源通常被分开管理和使用，造成了资源的重叠和浪费。例如，一些高质量的学科数据库，不仅可以为学者提供深度的学科研究资料，还可以为公众提供有价值的社会化信息。但由于服务的隔离，这些数据库的利用率可能并不高，资源的价值没有得到充分发挥。通过整合学科服务与社会化服务，可以打破这种隔离，实现资源的共享。无论是学科服务还是社会化服务，都可以从整合的资源库中获取所需的资源，从而使资源得到更有效的分配和使用。这样不仅可以提高资源的利用率，还可以减少资源的重复建设，节省资源的投入。整合也可以提高服务的效率。在传统的服务模式中，用户需要在不同平台之间切换，以获取所需的资源，这不仅增加了用户的操作复杂性，而且降低了服务的效率。通过整合，用户可以在同一平台上获取所有的服务，大大提高了服务的便利性和效率。整合还能够提高资源的质量。在整合的过程中，可以进行资源的筛选和优化，保留高质量的资源，去除低质量的资源。这样，用户可以获取到更高质量的资源，提高了其对服务的满意度。

学科服务与社会化服务的整合并不意味着简单的堆砌，而是需要科学的规划和管理。这包括资源的采集、整理、存储、更新、共享等多个环节，需要有效的技术支持和管理机制。对于图书馆来说，这需要采用新的技术和方法，如数据挖掘、知识管理、用户行为分析等，以实现资源的智能化、个性化、动态化管理。

（三）促进知识的传播和普及

在传统的学科服务模式下，知识被封闭在特定的学科领域内，无法广泛传播。因此，借助社会化服务的力量，将这些专业知识带到社会大众面前，无疑是一种有效的方式。然而，单纯的社会化服务由于其广泛性和复杂性，难以满足公众对深度知识的需求。这就需要将学科服务与社会化服务进行有效的整合，将专业知识与社会需求结合起来，从而推动知识的传播和普及。为实现这一目标需要在服务模式上进行改革和创新。

高校图书馆可以借助现代化的技术手段，建立全方位的知识传播网络。利用图书馆网站、社交媒体和移动应用等平台，提供在线查询、电子书籍、在线课程、研究资源等一站式整合服务平台。这样，不仅可以使校内师生能随时随地获取所需的学术资源，还可以使社会用户能够接触到丰富的学术资源，从而实现知识的广泛传播。除了提供丰富的学术资源，高校图书馆还需要提供多样化的服务以满足社会公众的需求。例如，提供信息素养教育、职业发展咨询、生活技能训练等非学术服务。这样，可以让社会公众通过图书馆了解到更多的知识，提高自身的素质，促进社会的进步。高校图书馆还可以与社区、学校、企事业单位等建立合作关系，提供定制化的服务。例如，为社区提供健康知识讲座、为学校提供教育资源、为企事业单位提供行业研究报告等。这样，不仅可以使知识更好地服务于社会，还可以使图书馆的服务更具针对性和实效性。

在这个过程中，高校图书馆还需要注重对社会公众的引导和教育。引导社会公众正确对待知识，树立科学的世界观，提高公众的知识素养。同时，也要激发公众对知识的热爱，引导他们主动学习，积极研究，从而使知识真正能够得到广泛的传播和普及。

（四）推动社会的创新和进步

高校图书馆作为信息与知识的宝库，肩负着知识的收集、整理、传播和利用的重任。在信息化、数字化的当今社会，高校图书馆的任务不再仅仅是为学生和教师提供知识服务，更应该成为推动社会创新和进步的中坚力量。

高校图书馆通过对学科服务和社会化服务的整合，能够推动社会创新和进步。图书馆的知识资源是推动社会创新的基础。图书馆收藏了大量的图书、期刊、论文、报告、数据库等形式各样的知识信息，涵盖了科学技术、人文社科、艺术等多个领域，为社会创新提供了丰富的"原材料"。将这些资源通过网络开放给社会，可以广泛地滋养人们的思维，激发他们的创新灵感。在数字化和网络化的今天，高校图书馆可以通过构建数字图书馆、开设网上阅览室、推行远程信息服务等方式，使更多的社会成员可以无障碍地获取和利用这些资源。图书馆的信息技术是推动社会创新的工具。现代图书馆已经广泛应用了大数据、云计算、人工智能等新兴技术，使知识信息的获取、整合、分析、传播等环节效率大大提高，可以更好地支持社会的创新活动。图书馆可以通过技术手段，如数据挖掘、预测分析等，帮助社会成员发现新的知识，发现创新的机会；通过提供在线协作工具，支持社会成员进行跨界、跨领域的创新合作。图书馆的服务能力是推动社会创新的动力。图书馆拥有专业的馆员队伍，他们通过阅读指导、信息素养教育、研究咨询等服务，可以帮助社会成员提升信息获取和利用的能力，提升创新的能力。同时，图书馆还可以通过组织各种活动，如讲座、培训、工作坊等，提供交流学习的平台，激发社会成员的创新热情。

二、学科服务和社会化服务整合的原则

在新的教育环境下，高校图书馆的角色也正在发生变化，在学科化服务和社会化服务的整合过程中，需要秉持一定的原则，以保证服务的高效性和有效性，具体如下（图 6-5）。

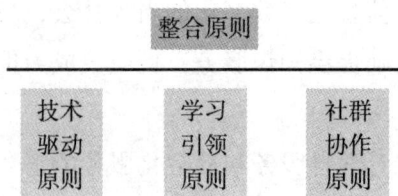

图 6-5　高校图书馆学科服务与社会化服务整合的原则

（一）技术驱动原则

技术驱动原则对于高校图书馆在学科服务与社会化服务整合过程中显得至关重要。这一原则强调图书馆应该采用最新的技术，提升服务质量和效率，以满足用户日益增长的需求。

在信息化社会，大数据、人工智能、物联网、区块链等新兴技术的快速发展为图书馆的服务提供了新的可能性。这些技术可以使图书馆的服务更加精准、高效和个性化。大数据技术的应用可以帮助图书馆更深入地了解用户的需求和行为。通过收集和分析用户的搜索记录、阅读记录、借阅记录等数据，图书馆可以发现用户的兴趣和需求，从而提供更符合用户需求的服务。例如，根据用户的阅读记录，图书馆可以为用户推荐相关的书籍和文章；根据用户的搜索记录，图书馆可以优化搜索引擎，提高搜索的精准度和效率。人工智能技术的应用可以使图书馆的服务更加智能化。例如，利用机器学习技术，图书馆可以开发智能问答系统，用户可以通过自然语言向系统提问，系统可以自动提供准确的答案；利用深度学习技术，图书馆可以开发智能推荐系统，系统可以根据用户的行为和喜好，自动推荐符合用户兴趣的内容。而物联网技术的应用可以使图书馆的管理更加智能化。通过将图书馆的物品，如书籍、设备等，连接到网络，图书馆可以实时监控物品的状态，提高管理的效率。例如，利用 RFID 技术，图书馆可以实时了解每一本书的位置，从而实现图书的智能管理。区块链技术的应用可以保护图书馆数字资源的版权。通过区块链技术，图书馆可以确保数字内容的原创性和完整性，在保护作者权益的同时保护了用户的权益。

（二）学习引领原则

学习引领原则强调高校图书馆在学科服务与社会化服务整合过程中，在满足社会需求的同时，还要提供更广泛的学习支持，成为推动用户学习和发展的重要力量。学习引领原则的重要性体现在图书馆对学术资源

215

的传统管理上，它更进一步地将图书馆推向前线，使其直接参与并推动学习进程。高校图书馆不再是静止的知识库，而是逐步转变为动态的学习生态系统，借助丰富的学科资源，以最新的学习理念和方法，引导并推进用户学习。

在应用学习引领原则过程中，高校图书馆需要重新定位，将自身视为教育的共同体，从而对学习过程产生直接影响。为此，图书馆需要密切关注教育和学习领域的最新动态，以便及时调整和优化其服务。例如，随着教育技术的发展，在线学习和混合学习等新的学习形式正在兴起，图书馆需要为这些新的学习形式提供必要的支持。高校图书馆还要主动参与到学习社区的建设中。通过创建和维护各种学习社区，图书馆可以帮助用户找到共同学习的伙伴，分享学习资源和经验，进一步促进学习的深化和拓展。在这个过程中，图书馆既是学习社区的建设者，也是学习社区的参与者，通过与用户的互动和交流，图书馆可以更好地了解用户的需求，从而提供更贴合需求的服务。

高校图书馆还需要为用户提供学习策略和技能的培训。不同的用户可能有不同的学习习惯和方法，图书馆可以为他们提供各种学习策略和技能的培训，如批判性思维、创新思维、信息素养等，帮助他们提高学习效果。

（三）社群协作原则

在高校图书馆学科服务与社会化服务整合过程中，应当强调社区成员之间的协作与交流，鼓励用户参与到图书馆的服务与管理中，形成自我服务和共享的社群环境。在这种环境下，高校图书馆的角色发生了改变，由传统的单向服务提供者变为协作的参与者和平台的搭建者，这可以促进知识的交流和共享。图书馆的服务不再局限于提供图书或资源，更需要推动用户之间的交互，鼓励用户共同创造和分享知识。

社群协作原则要求图书馆对服务方式进行改革，以满足现代学习者的需求。现代学习者在学习过程中，更注重协作与交互，期望通过交流和讨论来获取和处理信息，而不仅仅是被动地接收信息。因此，图书馆需要提供方便的交流平台和工具，以满足这一需求。例如，图书馆可以提供在线讨论区，让用户在其中交流想法和经验，也可以提供协作工具，让用户共同完成项目或研究。社群协作原则还需要图书馆推动用户参与到图书馆的管理与服务中。图书馆应当鼓励用户对图书馆的服务提出建议和意见，让用户成为服务的共同设计者和实施者。例如，图书馆可以通过问卷调查、访谈等方式，获取用户对服务的评价和建议，根据用户的反馈改进服务；图书馆也可以邀请用户参与到图书馆的项目中，如策划活动、编写教程等；图书馆还可以与其他的教育机构、企业、社区等建立合作关系，共享资源，共同提供服务。例如，图书馆与学校的教师合作，开发课程资源；图书馆与企业合作，提供实习机会和职业培训。

三、学科服务与社会化服务整合的方法

在实现学科服务与社会化服务整合的过程中，选择合适的方法是非常关键的，下面进行详细阐述。

（一）跨领域协作

高校图书馆学科服务与社会化服务过程中的跨领域协作，能够打破以往图书馆的工作边界，使其不仅成为知识和信息的集结地，而且成为创新思想和跨学科交流的中心。高校图书馆可以通过合作，利用各方的优势，提供更全面、更深入、更贴近用户需求的服务。在学科服务与社会化服务的实践中，跨领域的协作可以从以下几个方面进行（图 6-6）。

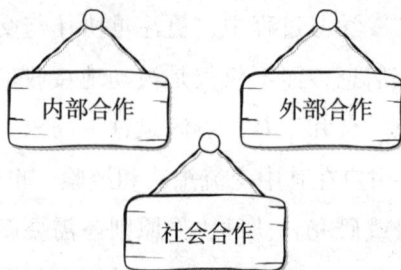

图 6-6　高校图书馆学科服务与社会化服务整合中的跨领域合作方法

1.内部合作

高校图书馆可以与学校的不同学科、不同部门进行合作，以实现学科服务与社会化服务的整合。

在与学科教师的合作中，图书馆可以了解最新的学科研究动态，获取教师和学生的需求信息，从而精细化、个性化地开发和提供学科服务。此外，通过定期的学术交流活动，图书馆还可以增进与教师的交流，收集反馈，改进服务，形成良性循环。在与教学部门的合作中，图书馆可以发挥其信息素养教育的功能，将相关教育融入课程中，提升学生的信息素养。这不仅可以提升学生的学习效果，而且可以培养学生的自主学习能力和创新能力。在与学生事务部门的合作中，图书馆可以举办各种文化活动，如读书会、讲座、展览等，提升图书馆在学校社区的影响力。通过这些活动，图书馆可以增强学生对图书馆的认知和依赖，吸引更多的学生来图书馆，增加图书馆的活力。

2.外部合作

高校图书馆在学科与社会化服务过程中，可以与其他的图书馆、教育机构、研究机构进行合作。

在与其他图书馆的合作中，高校图书馆可以通过资源的互借和互访，扩大资源的获取途径，满足用户的多元化需求。同时，图书馆之间的经验分享和互学，也有利于图书馆工作的改进和创新。在与教育机构和研究机构的合作中，高校图书馆可以通过共同开发研究项目，提供研究支持服务。例如，图书馆可以提供数据管理、文献检索、学术写作等服务，帮助教育机构和研究机构提升研究能力和效率。

3.社会合作

高校图书馆在学科服务与社会化服务过程中，与企业、非营利组织等社会组织的合作显得尤为重要。

高校图书馆与企业进行合作时，可为学生和教师提供更丰富的职业发展和实习机会。这种合作的形式多种多样，如企业提供的实习岗位、职业指导讲座、创新竞赛等。此外，图书馆还可以利用企业的行业资源，举办相关专题讲座，增强学生对行业的理解，为他们的未来职业生涯铺设道路。与非营利组织的合作，则可以让图书馆进一步扩大其社区影响力，提供更为贴近生活的社会化服务。非营利组织通常深耕于特定的社会问题，具有丰富的实践经验和资源，图书馆可以与其合作开展公益活动，如公益讲座、志愿服务、社区资源共享等。这样不仅能丰富图书馆的服务内容，提升图书馆的社区影响力，还能让学生在参与中得到锻炼，提升他们的社会责任感。在这个过程中，高校图书馆需要积极寻求与社会组织的合作机会，同时需要与其建立长期、稳定的合作关系，形成互补优势，共享资源。在合作过程中，图书馆需要注重服务的创新，以满足不断变化的社会需求。另外，图书馆还需要搭建合作平台，方便各方信息的交流和资源的共享，以实现更有效的合作。

（二）智能化服务

高校图书馆在学科服务与社会化服务整合过程中，智能化服务方法主要表现在以下几个方面（图6-7）。

图 6-7 高校图书馆学科服务与社会化服务整合中的智能化服务方法

1.智能化搜索和推荐

智能化搜索与推荐服务打破了传统图书馆以馆藏为中心的服务模式，其以用户需求为中心，以技术为驱动，提供更加精准、全面、个性化的信息服务。高校图书馆需要把握好这一趋势，通过引入人工智能与大数据技术，提升图书馆服务的智能化程度，实现高校图书馆学科服务与社会化服务的有效整合。

一方面，人工智能与大数据技术的应用赋予了高校图书馆以更强的信息组织和服务能力，尤其在智能化搜索与推荐领域。传统的关键词搜索依赖用户准确表述需求，缺乏对用户信息需求深度理解的能力。然而智能搜索服务，基于人工智能中的自然语言处理技术，对用户输入的关键词进行深度分析和理解，通过对语境、意图的把握，提供更为精准、全面的搜索结果。另一方面，智能推荐服务则是以用户为中心，通过用户行为分析，深度挖掘用户的潜在需求。高校图书馆可以根据用户的搜索记录、阅读记录、在线行为等大数据信息，应用机器学习算法进行用户画像，从而实现个性化推荐。这些推荐内容不仅包括图书和文章，还拓宽到与用户学习、研究、生活息息相关的课程、讲座、展览等信息。

通过利用人工智能和大数据技术，高校图书馆可以提供更高效、更精准的搜索服务。不同于传统的关键词搜索，智能搜索可以理解用户的语义，提供更符合用户需求的搜索结果。此外，通过分析用户的搜索行为和阅读行为，图书馆还可以为用户提供个性化的推荐服务。这种推荐服务不仅包括书籍、文章的推荐，还包括课程、讲座等活动的推荐。

2.移动化和微信化服务

随着移动互联网的普及和发展，移动设备已经成为人们获取和交流信息、学习和工作、生活和娱乐的重要工具，因此图书馆也需要对其服务进行移动化和微信化的改造，以满足用户的新需求，提升服务的效果。

移动化服务主要是指图书馆通过构建移动网站、开发移动应用、推行移动支付等方式，使用户可以随时随地利用移动设备获取和利用图书馆的服务。例如，图书馆可以开发移动阅读应用，让用户可以在移动设备上阅读电子书籍；可以推行移动自助借还，让用户可以在移动设备上办理图书的借还；可以开放移动支付，让用户可以在移动设备上支付相应的服务费。

微信化服务主要是指图书馆通过微信公众号或微信小程序等方式，为用户提供便捷、个性化、社交化的服务。例如，图书馆可以通过微信公众号发布最新的馆藏动态、活动信息，回答用户的咨询问题，接收用户的建议反馈；可以通过微信小程序为用户提供图书搜索、预约、续借等在线服务，提供学习资源、研究工具等数字服务，提供阅读推荐、阅读社区等服务。

3.社交化服务

社交化服务是高校图书馆学科服务与社会化服务整合过程中的重要组成部分。现代社会，网络社交已成为人们日常生活的一部分，图书馆通过社交媒体与用户建立联系，提升服务效率与效果。

高校图书馆可以利用社交媒体平台，发布图书馆最新资讯、活动信息、新进图书等，与用户直接进行互动交流，收集用户反馈，了解用户需求，提供定制化服务。通过定期更新有价值的内容，图书馆可吸引更多的用户关注和互动，增强用户的参与感和归属感。高校图书馆还可创建在线社区，打造专业学术交流平台。例如，图书馆可为某一学科或研究方向的读者建立专属社区，让他们在此分享阅读心得、学术观点，共同解决问题，推动知识创新。通过在线社区，图书馆不仅可提供学术交流服务，还能提供专业咨询服务，协助用户解决学术问题，以此来提升用户满意度。

4. 沉浸式学习体验

高校图书馆在学科服务与社会化服务过程中，可以通过虚拟现实（VR）和增强现实（AR）等新兴技术，为用户提供沉浸式的学习体验。图书馆可以利用 VR 技术，创建虚拟的图书馆环境。用户可以通过 VR 眼镜，身临其境地体验虚拟图书馆，进行学习和研究。例如，用户可以在虚拟图书馆中进行虚拟阅览、虚拟展览，或者参与虚拟教学活动。图书馆也可以利用 AR 技术，将数字信息融入现实环境中。用户可以通过 AR 眼镜或移动设备，看到数字信息与现实环境的混合影像，获得丰富的学习体验。例如，图书馆可以开发 AR 导览服务，用户可以通过 AR 设备，获取图书馆的导览信息，能方便地找到自己需要的资源和服务。

5. 智能客服

高校图书馆在学科服务与社会化服务过程中，可以利用人工智能技术，提供智能客服服务。

通过利用人工智能技术，图书馆可以实现 24 小时在线的智能客服。这种客服形式通常由聊天机器人提供，它能根据预设的问题库，自动回答用户的问题，为其提供帮助。例如，用户可能对图书馆的开放时间、馆藏资源、借阅规则等有疑问，这些都是可以通过智能客服预设好的答案，快速解答的。而对于机器人无法回答的问题，可以设置转接到人工客服，以保证问题得到解决。这种智能服务不仅可以提高用户的满意度，同时还能减轻图书馆工作人员的工作压力。

通过利用语音识别和语音合成技术，图书馆还可以提供语音搜索和语音导航服务。语音搜索是指用户可以通过语音的方式，对图书馆的馆藏资源进行搜索。相比于传统的文字输入，语音搜索更方便、更快捷，尤其对于使用移动设备的用户来说。而语音导航则可以帮助用户在图书馆中找到需要的资源和服务。例如，用户可以通过询问"哪里可以找到经济学的书籍"，然后系统会通过语音的方式，指导用户到达目标地点。

（三）用户培训和教育

用户培训和教育在高校图书馆学科服务与社会化服务整合过程中发挥着至关重要的作用。培训和教育服务能够帮助用户提升信息素养，让他们学习如何有效地获取、评估、使用信息。这一方面能帮助用户充分利用和发挥图书馆的资源和服务，另一方面也让图书馆的服务更加精准地满足用户的需求。

实践方式一是通过提供各种培训课程，如信息检索课程、学术写作课程等，帮助用户提高信息素养。信息检索课程可以教授用户如何利用搜索引擎和数据库进行有效的信息搜索，如何使用关键词、布尔运算符等进行精准搜索，如何评估搜索结果的质量和可靠性等。学术写作课程则可以教授用户如何撰写科研论文、如何进行文献引用和文献综述、如何遵守学术道德和学术规范等。这些课程可以通过面授、在线或混合形式进行，以满足不同用户的需求。

实践方式二是通过提供各种教育资源，如在线课程、教育视频等，支持用户的自我学习。在线课程可以是MOOCs，也可以是图书馆自行开发的课程，包括信息素养、知识产权、研究方法等各种主题。教育视频可以是短视频，介绍一种技能或一个知识点；也可以是长视频，详细讲解一个主题或一个课程。这些教育资源可以让用户按照自己的节奏和进度进行学习，提高学习的灵活性和便利性。

实践方式三是通过与教师合作，将信息素养教育融入课程中，让学生在学习过程中提高信息素养。例如，图书馆可以与教师合作，将信息检索、学术写作等内容融入学生的课程作业和研究项目中。也可以将信息素养的评估标准融入学生的课程评估中。这种方式可以让学生在实际的学习和研究过程中，提高信息素养。

四、学科服务与社会化服务整合的过程管理

高校图书馆学科服务一般是专业性、系统性较强的服务，能为特定学科的研究者或学习者提供个性化、专业化的服务，其服务内容和方式通常受到学科特性、学者需求等多重因素影响。社会化服务则是一种面向社会大众，强调服务普及和社会责任的服务模式，其服务内容和方式受社会需求、社会价值等因素引导。

在当前信息社会背景下，高校图书馆学科服务与社会化服务的整合已经成为一个重要的发展趋势。这是由于，一方面，学科服务已经不能满足日益复杂多样的学者需求，需要更加开放、包容的服务模式；另一方面，社会化服务在追求普及性和社会责任的同时，也需要借鉴学科服务的专业性和系统性，以提高服务质量和效率。因此，整合两者，既可以提升服务效能，也可以扩大服务影响，为更广大的用户群体提供更高质量的服务。

学科服务与社会化服务的整合主要包括以下几个方面：一是整合服务内容。整合服务内容是学科服务与社会化服务整合的首要任务。服务内容决定了服务的属性和功能。学科服务的内容通常较为专业和深入，专注于某一领域或主题，而社会化服务的内容则覆盖面更广，涉及各类主题。这就需要在保持学科服务的专业性的同时，也能够满足社会化服

务的广泛需求。例如，图书馆作为提供学科服务的机构，可能需要在其专业书籍和资料的基础上，引入各类社会科学、人文科学等更广泛的资源，以满足用户的多元化需求。同时，也要注重服务内容的更新和完善，因为信息的快速发展，对服务内容提出了更高的要求。二是整合服务方式。在服务方式上，学科服务和社会化服务之间存在着显著的差异。学科服务通常采取更为正式、系统的方式，而社会化服务则更侧重于开放、灵活和个性化。因此，整合服务方式需要在保持学科服务的严谨性的同时，引入社会化服务的开放和灵活。例如，传统的图书借阅服务，可以通过引入线上借阅、自助借阅等方式，来提高服务的便利性和效率。三是整合服务机构。不同的服务机构有着不同的资源和优势，因此，整合服务机构就是要将这些资源和优势进行有效的整合和利用。例如，学科服务机构可能在某一领域拥有丰富的专业资源，而社会化服务机构则可能拥有广泛的社会联系和公众影响力。通过机构合作，可以实现资源共享，优势互补，从而提高服务的整体效能。四是整合服务理念。服务理念决定了服务的方向和目标。在这个过程中，需要在保持学科服务以用户为中心的理念的同时，强调服务的普及性和社会责任。这就要求服务机构不仅要关注用户的具体需求，提供精准的服务，还要注意服务的普及和推广，承担起对社会的责任。

在这个整合过程中，关键是实现服务内容、方式、机构、理念的有机融合。为此，需要构建一个包括服务需求分析、服务设计、服务实施、服务评价等环节的过程管理模型，以确保整合的顺利进行。在服务需求分析环节，要深入了解和研究学者与社会大众的需求，以明确整合的方向和目标。在服务设计环节，要结合学科特性和社会需求，设计出既具有专业性、系统性，又具有普及性、社会责任感的服务内容和方式。在服务实施环节，要注重服务机构的合作和协调，确保服务的有效性和效率。在服务评价环节，要建立一个科学合理的评价体系，定期评价服务的质量和效果，以便不断优化服务，提升服务质量。

第三节　学科服务与社会化服务的整合效果评估

一、整合效果评估的重要性

高校图书馆学科服务与社会化服务整合效果评估具有非常重要的意义。只有通过有效的评估，图书馆才能准确了解服务整合的实际效果，找出存在的问题，采取有效措施进行改进，不断提升服务的质量和效率，增强图书馆的社会影响力，从而更好地满足社会发展和用户需求的变化。

高校图书馆学科服务与社会化服务整合效果评估的重要性在于，它可以帮助图书馆准确地了解整合服务的实际效果，从而为服务改进提供依据。评估可以揭示服务整合的优点和不足，为进一步的服务优化提供有价值的反馈。通过有效的评估，图书馆可以针对性地改进服务内容、方式、机构和理念，以更好地满足用户需求和社会期待。再者，高校图书馆学科服务与社会化服务整合效果评估能够提升图书馆的社会影响力。有效的评估结果可以作为图书馆展示自身价值和提升影响力的重要工具。通过分享成功的服务整合实践和积极的评估结果，图书馆可以提高自身在社会中的知名度和声誉，吸引更多的用户和合作伙伴。

高校图书馆学科服务与社会化服务整合效果评估也是提高服务效率的重要手段。通过对服务整合的评估，图书馆可以找出服务过程中的效率瓶颈，从而采取有效的措施进行改进。例如，如果评估结果显示线上服务的使用率低于预期，那么图书馆就需要考虑如何改进线上服务的设计和推广，以提高其使用率。高校图书馆学科服务与社会化服务整合效果评估还有助于提升服务质量。评估结果可以反映出服务的质量状况，为提升服务质量提供依据。如果评估结果显示用户对某一服务的满意度低，那么图书馆就需要重视这个问题，查找原因，并采取措施进行改进。通过这种方式，图书馆可以持续提升服务质量，增强用户满意度。

二、整合效果评估的影响因素

评估高校图书馆学科服务与社会化服务整合效果的影响因素是多元化的，涉及人、技术、资源、环境等多个方面（图6-8）。这些因素相互交织，共同影响着整合效果。因此，进行评估时，需要全面考虑，深入分析，才能得出准确的结果。

图6-8　高校图书馆学科服务与社会化服务整合效果评估的影响因素

（一）人员能力

服务质量的高低，很大程度上取决于提供服务的工作人员的素质和能力。工作人员是连接图书馆与用户、理论与实践、学科服务与社会化服务的重要桥梁。他们的素质和能力，不仅决定了服务的质量，更影响了服务整合的效果。

工作人员需要具备高水平的学科知识。这种知识不仅来源于学习和培训，还来源于实践经验和深度思考。高水平的学科知识，使工作人员能够理解复杂的学科内容，并能解答用户的疑问，提供高质量的咨询服

227

务。同时，学科知识的深度和广度，也影响了工作人员对服务需求的理解和判断、对服务提供的方式和手段的选择、对服务结果的评价和改进。

工作人员还需要具备丰富的社会经验和开阔的视野。这种经验和视野，不仅使工作人员能够理解社会化服务的需求，适应社会化服务的变化，提供社会化服务的创新，还使工作人员能够从更广泛的角度看待问题，更全面地理解用户，更有效地提供服务。这种经验和视野，是工作人员在长期的工作和生活中积累的，需要通过持续的学习和反思，不断地提升和拓宽。

（二）技术投入

技术，特别是信息技术，对服务提供具有重大影响。技术投入的多少，直接决定了服务的效率，影响了服务的质量，也影响了服务整合的效果。

高质量的技术设备可以提升服务的速度和质量，如高速的计算机可以快速处理信息，提供即时的服务；高清的显示器可以提供清晰的图像，提高用户的阅读体验；稳定的网络可以保证服务的连续性，避免服务中断。这些设备都是提供服务的基础，影响着服务的效果。高质量的应用程序可以提升服务的功能和便利性，如强大的数据库可以提供大量的信息，满足用户的需求；智能的检索系统可以快速准确地找到信息，提高用户的检索效率；便捷的移动应用可以随时随地提供服务，提高用户的使用便利性。这些应用程序都是提供服务的工具，同样影响着服务的效果。

（三）政策环境

政策环境是决定图书馆服务整合效果的重要影响因素。这主要体现在两个方面：政策引导和政策支持。

政策引导是通过制定和实施相关政策，引导图书馆进行学科服务与社会化服务的整合。这包括对服务内容、方式、目标、标准等进行规定，明确整合的方向和目标；对服务流程、程序、机制等进行设计，明确整合的路径和方式；对服务效果、影响、价值等进行评价，明确整合的效果和意义。这种引导，使图书馆有明确的整合目标、规范的整合方式、正确的整合认识、持续的整合动力。

政策支持是通过提供相关政策，支持图书馆进行学科服务与社会化服务的整合。这包括提供资金支持，解决整合的经济问题；提供技术支持，解决整合的技术问题；提供人才支持，解决整合的人才问题；提供环境支持，解决整合的环境问题。这种支持，使图书馆有足够的整合资源、必要的整合条件、合适的整合环境、有保障的整合效果。

从广义上讲，政策环境对服务整合的影响不仅体现在直接的政策引导和政策支持上，还体现在对图书馆行为、文化、发展的影响上。因此，政策环境是影响图书馆服务整合效果的重要因素，也是图书馆服务整合不能忽视的因素。

（四）社会认知

社会认知，即社会公众对图书馆的认知和期待，是决定图书馆服务整合效果的另一个重要影响因素。这种影响，主要体现在以下几个方面。

一是用户需求。社会公众的需求，是图书馆服务提供的基础。如果社会公众对图书馆的需求高，对图书馆的期待高，那么图书馆服务的接受度就会高，使用情况就会好，这将直接提高服务整合的效果。因此，了解社会公众的需求，满足社会公众的期待，是提高服务整合效果的关键。

二是社会影响。社会公众的认知，将影响图书馆在社会中的地位和影响力。如果社会公众对图书馆有高度的认知，那么图书馆的影响力就会增强，服务的传播就会更广，这将间接提高服务整合的效果。因此，提升图书馆形象，提升社会公众对图书馆的认知，是提高服务整合效果的重要途径。

三是社会责任。图书馆是公共文化服务机构，承担着服务社会的责任。社会公众的认知，将决定图书馆承担的社会责任的重量和方向。如果社会公众对图书馆有高度的期待，那么图书馆的社会责任就会加重，服务的压力就会增大，这将影响服务整合的效果。因此，适应社会公众的期待，承担适当的社会责任，是保证服务整合效果的必要条件。

（五）预算分配

预算分配不仅仅是资金的分配，更是图书馆资源、力量和精力的分配。对于学科服务来说，预算需要用于购买学科相关的图书、期刊、数据库等资源，支持与学科相关的服务活动，如学科导航、学术咨询、文献传递等；对于社会化服务来说，预算需要用于开展社区服务、文化活动、社会教育等，支持社会化服务的开发和推广。预算分配是影响高校图书馆学科服务与社会化服务整合效果的重要因素，合理、公平、透明、灵活的预算分配，能够有效地提升整合效果。

预算分配的合理性体现在预算的使用效果上。预算的使用效果，是指预算能够有效地支持图书馆的服务，满足用户的需求，达到预期的效果。合理的预算分配，能够最大限度地提高预算的使用效果，提升服务的质量和效率，从而提高整合效果。预算分配的公平性体现在预算的分配方式上。预算的分配方式，是指预算在各项服务之间的分配比例，如学科服务和社会化服务之间的预算分配比例。公平的预算分配，能够保证各项服务得到适当的支持，避免出现资源过度集中或者分散的情况，从而提高整合效果。预算分配的透明性体现在预算的分配过程上。预算的分配过程，是指预算从制定到执行的整个过程，如预算的申请、审批、分配、使用、监督、评估等。透明的预算分配，能够保证预算的公正性，增加图书馆的公信力，提升用户的满意度，从而提高整合效果。预算分配的灵活性体现在预算的调整能力上。预算的调整能力，是指预算在面对新的需求、挑战、机遇时，能够及时进行调整，如增加预算、减少预算、转移预算等。灵活的预算分配，能够使图书馆在变化的环境中，保持服务的连续性和稳定性，提高服务的适应性和创新性，从而提高整合效果。

三、整合效果评估的具体步骤

高校图书馆学科服务与社会化服务整合效果评估的具体步骤一般分为制订评估计划、数据收集、分析数据、编写评估报告等（图6-9）。

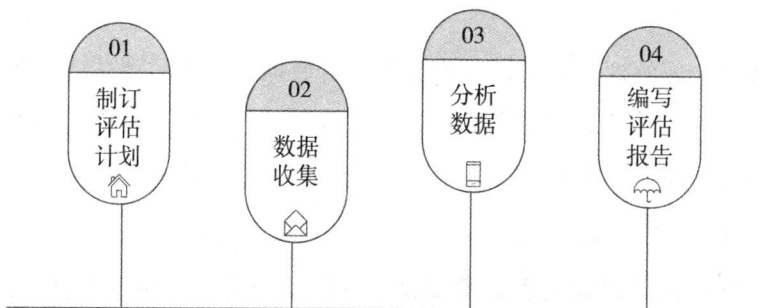

图6-9　高校图书馆学科服务与社会化服务整合效果评估的具体步骤

（一）制订评估计划

评估计划是整个评估活动的蓝图，它将指导整个评估的过程，包括数据收集、分析、报告编写等各个阶段的工作。一个明晰、全面、可行的评估计划，可以确保评估工作的顺利进行，也能提高评估的准确性和有效性。评估计划应包括以下主要内容。

1.评估目标

明确评估的目的，以及期望通过评估获得什么样的结果或信息。例如，评估的目标可能是了解学科服务与社会化服务整合的当前状态，或者是了解整合服务对用户满意度的影响。

2.评估对象

确定需要评估的具体服务或项目。在学科服务与社会化服务的整合中，评估对象可能是一个特定的学科服务，也可能是一个特定的社会化服务，或者是多个服务的整合效果。

3.评估内容

确定评估的具体内容，即评估的指标或标准。评估内容应根据评估目标和对象来确定，通常包括服务的质量、效率、满意度等。

4.评估方法

选择合适的评估方法，以收集和分析数据。常见的评估方法包括问卷调查、深度访谈、焦点小组讨论等。选择评估方法时，需要考虑评估内容的特点和评估资源的限制。

5.评估时间和进度

明确评估的时间表和进度安排。评估工作需要一定的时间，因此，评估计划应明确每个阶段的开始和结束时间，以保证评估工作的有序进行。

6.评估团队

确定负责评估工作的团队或个人，包括他们的职责和任务。评估团队应具备相关的专业知识和技能，以保证评估的质量。

制订评估计划是一个全面的过程，需要综合考虑高校图书馆的具体情况、服务的特点、用户的需求等多种因素。因此，制订评估计划时，需要通过深入研究和反复讨论，以确保评估计划的科学性和实施性。同时，评估计划也应具有一定的灵活性，能够根据评估过程中的实际情况进行调整和优化。

（二）数据收集

在一个全面的评估计划中，数据收集是一个核心的环节，直接影响着评估的准确性和效率。

在进行数据收集之前，需要明确所需的数据类型和数据源。数据类型通常由评估内容决定，可能包括服务的使用频率、用户满意度、服务的响应时间等。数据源可以是图书馆的管理系统、用户调查、员工访谈等。需要注意的是，不同的数据类型和数据源可能需要使用不同的数据收集方法。数据收集方法的选择应当考虑到数据的可用性、质量和收集成本。常用的数据收集方法有问卷调查、访谈、观察等。问卷调查能够获取大量的定量数据，适用于评估广泛的用户满意度或服务使用情况；访谈可以获取深入的定性信息，适用于了解用户的需求和体验；观察可以直接了解服务的运行情况，适用于评估服务的效率或流程。

数据收集的过程需要保证数据的真实性和完整性。为了获取真实的数据，需要确保数据收集的公正性，避免偏见和误导；为了获取完整的数据，需要尽可能覆盖所有相关的服务和用户。此外，数据收集还需要注意保护用户的隐私，遵守相关的伦理规定。

数据收集完成后，需要对数据进行整理和清洗，以便于后续的数据分析。数据整理包括将收集到的数据组织成一定的格式或结构，例如建立数据库或电子表格；数据清洗包括处理缺失数据、异常数据和重复数据，以提高数据质量。

（三）分析数据

只有通过科学的数据分析，才能得到准确的评估结果。数据分析的目的是解读收集到的数据，提取有用的信息，揭示数据背后的趋势和模式，从而为决策提供依据。

在进行数据分析时，首要步骤是选择合适的分析方法。分析方法的选择取决于数据类型和评估目标。例如，如果数据为定量数据，可能需要使用描述统计分析、相关性分析或回归分析等方法；如果数据为定性数据，可能需要使用内容分析或主题分析等方法。无论何种分析方法，都需要确保其科学性和合理性，以保证分析结果的有效性。描述统计分析能提供数据的基本描述，如平均值、中位数、频率分布等，帮助了解数据的概况。相关性分析能揭示数据间的关系，如两项服务的使用频率是否相关。回归分析能预测某个变量对另一变量的影响，如服务质量对用户满意度的影响。内容分析能对文本数据进行编码和分类，提取主要的观点和主题。主题分析能探索文本数据的主要主题，揭示其内在的结构和含义。

分析数据的过程也需要注意数据的质量和完整性。数据质量包括数据的准确性、一致性和时效性，它能影响分析结果的可信度。数据完整性包括数据的覆盖范围和深度，它能影响分析结果的全面性。因此，需要通过数据清洗和数据验证，保证数据质量和完整性。在完成数据分析后，还需要对分析结果进行解读。解读的目的是理解分析结果的含义，评价分析结果的显著性，判断分析结果的实际意义。解读需要根据分析方法和评估目标，结合专业知识和实际情况，进行科学的推理和判断。

（四）编写评估报告

评估报告是评估过程的成果，它不仅需要详尽地记录评估的过程与结果，而且要以直观、清晰的方式呈现数据，使读者能够迅速了解评估的目的、方法、结果和结论。评估报告的撰写需要基于全面和准确的数据分析。报告通常会包含报告标题、摘要、引言、评估方法、结果、讨论、结论和建议、参考文献等几个部分。报告的每一个部分都有其特定的功能和要求。

报告标题应简洁明了，准确地反映报告的主题。摘要部分则需要概括报告的主要内容，包括评估的目的、方法、主要结果和结论，供读者快速了解报告的全貌。引言部分应提供背景信息，解释评估的必要性和意义，明确评估的目的和任务。评估方法部分应详细描述评估的设计、实施和数据分析的过程，包括评估对象、评估指标、数据收集和处理的方法等，以确保评估的透明性和可复制性。结果部分应客观地展示数据分析的结果，通常会配合图表进行展示，以提高数据的可读性和可理解性。讨论部分是对结果进行解释和评价，比较预期结果和实际结果，分析可能的原因，探讨其对实践的影响和启示。结论和建议部分则需要根据评估结果，给出明确的结论，提出实质性的建议，为决策提供依据。参考文献部分应列出所有引用的文献，确保报告的学术性和准确性。

在撰写评估报告时，要注意语言的准确性和清晰性，保持客观和公正的态度，避免使用过于专业或复杂的词汇，使报告对所有读者都是可读的和可理解的。同时，也要注重报告的结构和逻辑，使报告的内容条理清晰，层次分明。

第七章　高校图书馆学科服务与社会化服务创新的思考展望

第一节　高校图书馆学科服务与社会化服务创新的思考

高校图书馆学科服务与社会化服务创新面临着多重挑战，需要在多个层面进行创新。高校图书馆应积极应对这些挑战，抓住机遇，提供高质量的学科服务和社会化服务，以满足 21 世纪知识社会的需求。

一、高校图书馆学科服务与社会化服务创新面临的挑战

随着社会的快速发展和科技的进步，高校图书馆的学科服务和社会化服务模式也正在经历深刻的转型。然而，这种转型并非一帆风顺，高校图书馆仍面临着众多挑战，主要包括信息化环境下的挑战、用户需求多样化的挑战、社会化服务的挑战等几个方面（图 7-1）。

　　▲ 信息化环境　　　▲ 用户需求多　　▲ 社会化服务
　　　下的挑战　　　　　样化的挑战　　　　的挑战

图 7-1　高校图书馆学科服务与社会化服务创新面临的挑战

（一）信息化环境下的挑战

　　信息化环境下的挑战对高校图书馆的学科服务与社会化服务创新提出了更高的要求。图书馆需要持续学习，掌握新的技术，了解用户的新需求，以便在变化的环境中提供高质量的服务。

　　一方面，图书馆需要处理大量的新信息，这需要高效的信息收集、整合和保存技术。尤其是在全球范围内，信息的产生和传播速度超越了任何人的想象，如何从海量信息中筛选出对用户有价值的信息，成为图书馆工作的核心任务。另一方面，用户的信息需求和检索习惯也在不断变化。以往，用户主要依赖图书馆提供的信息资源进行检索和学习，但现在，互联网和数字技术的发展使用户可以自由地获取和分享信息。在这种情况下，图书馆的服务方式需要进行创新，以满足用户新的需求和习惯。例如，图书馆需要提供更方便、更快捷的检索服务，使用户能够轻松地找到所需要的信息。

（二）用户需求多样化的挑战

　　高校图书馆在进行学科服务和社会化服务创新的过程中，必须面对一个挑战，那就是用户需求的多样化。其中，扁平化需求和金字塔型需求成为两个较为常见的现象。

　　扁平化需求指的是用户对于获取信息和使用服务的需求趋向于简化

和方便。在信息爆炸的时代，用户的注意力被无数信息抢占，他们希望能以最快速、最便捷的方式得到自己需要的知识和信息。举例来说，这可能体现在希望图书馆提供的服务能在任何地方、任何时间都可以使用，或者用户能自主参与到图书馆的服务流程中，比如可以对图书馆藏书进行评价，可以推荐图书馆采购的书籍等。这种需求形式将对图书馆服务提出更高的要求，图书馆必须运用现代技术，优化自身的服务流程，提高服务效率，提供全天候、全方位的服务。而金字塔型需求则是指不同类型的用户有不同层次的需求。以一个简单的金字塔模型来说，底层需求是所有用户共享的，这是基础性的，比如提供图书借阅和阅览服务。中层需求通常是针对某一群体或者特定学科的，例如某专业学生需要的专业书籍、专业数据库等。而顶层需求是指针对特定用户群体的高级需求，如教师和研究生需要的科研资料检索、大数据分析等。在这个简单的金字塔需求模型里面，底层和中层用户需求对图书馆来说很容易满足，而顶层的用户需求则是对图书馆信息整合与分析能力的一大挑战。

（三）社会化服务的挑战

在今天的数字时代，信息的传播早已超越了物理界限。社会公众已不再满足于传统的信息渠道，他们期待的是一个即时、互动、跨平台的信息体验。因此，单纯地为他们提供书籍或数据库的访问权限已远远不够。他们在图书馆中寻找的，可能是一个沉浸式的学习环境、一个跨界的创意交流平台，或者是一个能够提供个性化推荐的智能助手。面对日益"碎片化"的信息消费习惯，图书馆需要考虑如何进行内容策划和打包。这可能意味着，图书馆需要与内容创作者、科研机构甚至是媒体和企业进行合作，共同为公众提供更有价值的信息产品和服务。高校图书馆还需面对信息的时效性挑战。与此同时，社交媒体和社区的崛起使用户之间的交流与互动变得更为频繁。图书馆如何在这样的背景下，既能满足用户的实时信息需求，又能够构建起一个有价值的知识社区，是一个值得深入探讨的问题。当图书馆服务延伸到社会公众时，如何在保障知识的开放共享与知识产权之间找到平衡，也是一个挑战。这需要图书馆与各方进行广泛沟通与合作，共同探索新的商业模式和服务方式。

社会化服务也给高校图书馆带来了一些挑战。例如，如何确保服务的质量和效率、如何保护用户的隐私、如何维护图书馆的经济可持续性等。为了解决这些挑战，图书馆需要有明确的服务策略和操作规程。例如，可以设立服务标准，对服务进行评价和改进；可以建立隐私保护政策，保护用户的隐私权益；可以寻求政府、企业等的支持，确保服务的经济可持续性。

二、高校图书馆学科服务与社会化服务创新的建议和措施

在当前的信息社会，高校图书馆作为知识和信息的中心，不仅需要提供传统的文献资料服务，还需要提供更多元化的学科服务和社会化服务。面对各种挑战，高校图书馆需要积极探索创新的服务模式，以满足用户的多样化需求。高校图书馆学科服务与社会化服务创新的建议和措施主要包括以下方面（图 7-2）。

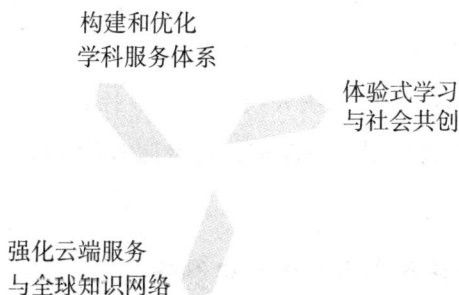

构建和优化
学科服务体系

体验式学习
与社会共创

强化云端服务
与全球知识网络

图 7-2　高校图书馆学科服务与社会化服务创新的建议和措施

（一）构建和优化学科服务体系

在高校图书馆的服务体系中，学科服务扮演着至关重要的角色，构建和优化这一体系显得尤为必要。学科服务体系的成功建立，无疑将有助于图书馆更有效地提供专业化的服务，支持和推动学术研究的发展。

学科服务体系的构建需要图书馆对各个学科领域有深入的了解。这种了解不仅包括学科的知识内容，还包括学科的研究方法、研究热点、信息需求等。对各个学科领域的深入了解，可以使图书馆更准确地把握用户的需求，更有效地提供服务。图书馆可以通过培训、考察、学习等方式，提升对各个学科领域的了解。学科服务体系的优化需要图书馆不断探索和实践。在实践中，图书馆可以发现问题，找到解决问题的方法，从而优化服务体系。图书馆可以通过试点项目、改革实验、服务评估等方式，不断探索和实践，以优化服务体系。

另外，新技术的应用是构建和优化学科服务体系的助推剂，高校图书馆采用新技术可以进一步提高服务效率、提升服务质量。例如，通过数据挖掘，图书馆可以发现用户的信息需求和使用习惯，从而提供更个性化的服务；通过机器学习，图书馆可以建立智能推荐系统，为用户推荐他们可能感兴趣的资源；通过云计算，图书馆可以提供更便捷、更高效的服务。构建和优化学科服务体系虽然是一项系统性、复杂性的工作，需要图书馆综合运用各种方法和技术，积极探索和实践，但只有这样，图书馆才能更好地满足用户的需求，提升服务的质量，更好地支持和推动学术研究的发展。

（二）强化云端服务与全球知识网络

在数字化时代的浪潮下，高校图书馆必须借助技术的力量，将其资源与服务推向一个新的高度。首先，云端服务正在重塑用户的信息获取和学习方式。通过构建"云图书馆"，图书馆可以在无须实体存储的情况下提供海量资源。此外，借助云技术，图书馆能够提供实时的协作工具，如在线研讨会、跨学科研究合作等，为学者和学生提供一个前所未有的全新学术环境。

而在全球化背景下，高校图书馆应摒弃传统的信息孤岛思维，转而积极构建全球知识网络。这意味着它们需要与国际学术和研究机构建立更为紧密的合作关系，分享资源，共同推进研究。这样的全球网络不仅能够加速学术交流，还能促进国际合作，使图书馆真正成为知识的交汇点。

（三）体验式学习与社区共创

当下，单纯的知识提供已不能满足用户的需求，高校图书馆需要探索更为创新和互动的服务方式，如体验式学习，其可以利用增强现实（AR）和虚拟现实（VR）技术为用户提供沉浸式的学术体验，将成为未来的发展趋势。想象一下，学生和研究者能够在虚拟空间中"实地"参观古代文明，或深入微观世界中探索分子的奥秘，这种学习方式无疑将大大增强用户的学习兴趣和效果。

高校图书馆应深化与社会各界的合作，打破传统的服务边界，共同创造新的学术价值。这可以是与社区成员、企业、公共机构等共同策划的项目，或与创业者、学者、技术专家等组织的研究小组。这种社区共创的模式将帮助图书馆拓宽服务范围，更好地满足社会公众的多元化需求，并加强与各方的互动与联系。

第二节　高校图书馆学科服务与社会化服务创新的未来展望

随着信息技术的快速发展和社会化服务需求的增长，高校图书馆学科服务正面临着新的挑战和机遇。未来，它们将致力于提供更加个性化、智能化的服务，深入挖掘和利用各种数据资源，以满足不同学科用户的多元化需求。此外，社会化服务也将进一步促使高校图书馆走向社区，扩大服务领域，形成与其他社会机构和企业的合作模式，从而提升服务质量和效率。我们期待在创新与变革中，高校图书馆能够找到其在学科服务与社会化服务方面的新定位，为未来的学术研究和社会发展做出更大的贡献。

一、高校图书馆学科服务与社会化服务的未来发展趋势

未来的高校图书馆学科服务与社会化服务将更加科技化、用户化、开放化、社会化。高校图书馆需要抓住科技的机遇，满足用户的需求，实现资源的开放，履行社会责任，不断创新服务、提升服务，既要为社会提供更好的图书馆服务，也要为图书馆的发展注入更强的动力，更要为图书馆的未来描绘更美的蓝图（图 7-3）。

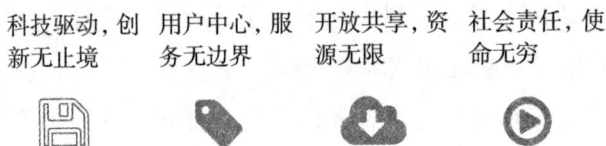

| 科技驱动，创新无止境 | 用户中心，服务无边界 | 开放共享，资源无限 | 社会责任，使命无穷 |

图 7-3　高校图书馆学科服务与社会化服务创新的未来发展趋势

（一）科技驱动，创新无止境

未来的高校图书馆服务将更加依赖于科技的驱动。随着科技的不断进步，许多新兴技术，如人工智能、云计算、大数据和区块链等，被广泛应用于图书馆服务，极大地提升了服务质量。

人工智能在图书馆领域发挥着日益重要的作用。利用深度学习和自然语言处理技术，它能够提升图书馆的信息组织、检索和推荐能力，使服务更加个性化。举例来说，人工智能能够根据用户的历史行为和偏好，为其提供定制化的阅读推荐，使用户在海量的图书资源中能够快速

242

找到自己感兴趣的内容。人工智能也能帮助图书馆进行更高效的信息组织，将相关的图书、文章和研究资源聚合在一起，为用户提供更高效的检索体验。云计算为图书馆提供了强大的计算和存储能力。通过云计算，图书馆可以处理大规模的数据，支持各种数据密集型的服务，如在线阅读、电子资源共享等。同时，云计算也使图书馆能够实现服务的无缝连接，用户可以在任何时间、任何地点访问图书馆的服务，不再受限于图书馆的物理空间。数据的应用进一步提升了图书馆的服务精准度和效率。通过分析用户的行为数据，图书馆可以了解用户的需求和偏好，从而提供更加精准的服务。例如，图书馆可以通过分析用户的阅读行为和检索行为，了解用户对哪些资源有需求，哪些资源使用率低，从而调整资源的分配和采购策略。同时，大数据也可以帮助图书馆进行文献分析，了解学科的发展趋势，为用户提供更具前瞻性的服务。区块链则提升了图书馆的服务覆盖度，通过区块链，图书馆可以实现资源的跨域共享，使用户能够访问到其他图书馆的资源，大大扩大了用户的阅读选择。例如，用户可以通过区块链访问到海外图书馆的电子资源，获取到更丰富、更多元的知识。

（二）用户中心，服务无边界

　　未来的高校图书馆将更加注重以用户为核心，通过不断了解和满足用户的新需求，提升用户体验，打造更全面、更优质的服务体系。

　　科技的发展和社会的变革使用户的需求和体验日趋多元化、个性化。针对这一趋势，图书馆需要利用数据分析、用户研究、服务设计等手段，更深入地理解用户的需求，提供更符合用户需求的服务。例如，通过用户行为数据的分析，图书馆可以发现用户的阅读偏好、学习习惯等，从而为用户提供更精准的阅读推荐、学习资源等；通过用户研究，图书馆可以了解用户的痛点、需求、期望，从而优化服务流程、改进服务方式，提高用户满意度；通过服务设计，图书馆可以创新服务形式、丰富服务内容，为用户提供更丰富、更有趣的体验。

高校图书馆服务的边界也正在发生变化。传统上，高校图书馆主要提供的是信息服务，包括图书借阅、文献检索、知识咨询等。但在未来，图书馆将扩大服务范围，除了信息服务外，还将提供学习服务、创新服务、文化服务等。学习服务包括在线课程、学习工具、学习咨询等，可以帮助用户更有效地学习和进步；创新服务包括创新工具、创新空间、创新咨询等，支持用户进行创新活动，能激发用户的创新潜能；文化服务包括文化活动、文化展览、文化交流等，可以丰富用户的文化生活，提升用户的文化素养。这些服务使图书馆真正成为用户生活、学习、工作的伙伴和助手，满足用户的全方位需求。

（三）开放共享，资源无限

未来的高校图书馆服务将更加倾向于开放和共享。开放共享是图书馆资源优化配置、提升服务公平性和效益的必然选择。科技的进步和政策的推动，使图书馆资源的开放共享成为可能，它们可以通过多种方式实现资源的开放获取和开放访问，为用户提供更丰富、更优质的服务。

高校图书馆的开放共享不仅体现在资源的开放获取和开放访问，还体现在知识的开放交流和创新。图书馆不仅仅是信息资源的仓库，更是知识创新和交流的平台。图书馆可以通过开放创新、共享经验、共建共享等方式，实现知识的开放交流和创新，提升服务的创新力和影响力。例如，图书馆可以组织各类学术活动，如研讨会、讲座、工作坊等，为用户提供一个开放的学术交流平台，促进知识的交流和创新。

（四）社会责任，使命无穷

未来的高校图书馆服务将更加注重实现社会责任和社会价值。图书馆的存在不仅仅是作为知识的存储库，更是社会发展的重要支撑和推动者。高校图书馆的服务，无论是学科服务还是社会化服务，都需要始终以实现社会责任为宗旨，以提升社会价值为目标。

随着社会的发展和图书馆的转型，高校图书馆的社会责任将更加重要和复杂。高校图书馆的社会责任不仅在于提供信息服务，而且在于提供多元化的服务，如提供各类教育和培训，支持用户的终身学习和职业发展，帮助用户提升知识和能力的服务；开展手工坊、讲座、展览等，丰富社区的文化生活，促进社区文明、和谐的各类公益活动等。这些服务不仅满足了用户的多元信息需求，还能助力社会的可持续发展，推动社会的公平正义，提升社会的文明素养。

二、高校图书馆学科服务与社会化服务创新的展望

未来高校图书馆学科服务与社会化服务创新的展望是广阔的，不仅需要科技的支持，还需要图书馆自身不断探索和创新。未来的图书馆将不仅仅是信息的存储和传播地，更将成为社会的文化中心、学习的乐园、创新的沃土，与社会和用户形成紧密的连接，发挥出更大的社会价值（图 7-4）。

- 物联网时代的来临
- 更高效的人工智能技术
- 区域链技术的深度应用
- 构建全媒体环境
- 展望未来图书馆模式

图 7-4　高校图书馆学科服务与社会化服务创新的展望

（一）物联网时代的来临

物联网是指通过各种信息传感器、射频识别技术、全球定位系统等装置技术，实时采集需要监控、连接、互动的物体，收集声、光、热、

电学等各种信息，然后通过各类网络接入，实现物与物、物与人的泛连接和对物品的智能化感知、识别和管理。①物联网以其强大的信息采集、传输和处理能力，正在对各行各业产生深远影响，图书馆行业也不例外。

在物联网时代的高校图书馆，各类物联网设备将被广泛应用。例如，通过 RFID 技术，可以实现图书的自动化管理，包括自动化入库、出库、盘点等；通过感应设备，可以实现用户的自助服务，包括自助借阅、还书、查询等；通过 GPS 和室内定位技术，可以实现图书的精准定位，帮助用户快速找到需要的图书；通过物联网设备的远程监控和管理，可以实现图书馆的智能化运营，提升图书馆的运营效率和服务质量。高校图书馆应用物联网技术，不仅可以提升图书馆的管理效率，还可以提升用户的服务体验。通过物联网技术，图书馆可以提供更加便捷、高效的服务，如无人值守的自助服务、24 小时的全天候服务、移动的随时随地服务等；物联网技术也可以提升图书馆的个性化服务，如定制的推荐服务、精准的导航服务、智能的咨询服务等；物联网技术还可以提升图书馆的智能化服务，如智能化的图书管理、智能化的设备控制、智能化的数据分析等。

值得注意的是，物联网技术并不是图书馆创新的终点，而是创新的起点。图书馆需要深入研究物联网技术，了解其原理和特性，掌握其应用和发展，以物联网技术为工具，以用户需求为导向，不断创新图书馆的服务模式和运营模式。例如，图书馆可以研发基于物联网技术的新服务，如虚拟导航、智能推荐、远程控制等；图书馆也可以探索基于物联网技术的新运营，如共享运营、数据运营、云运营等。

（二）更高效的人工智能技术

谈到图书馆，人们首先想到的可能是一个存储大量书籍、文献和信息的地方。然而，如今的图书馆已经从单纯的信息存储库变成了信息服

---

① 林熹．区块链导论 [M]．北京：机械工业出版社，2021：257．

务的中心。人工智能作为新的信息处理和服务工具，正在帮助图书馆实现这一转变。例如，通过深度学习算法，图书馆可以进行更精准的信息分类和检索，提供更精确的学术资源推荐；通过自然语言处理技术，图书馆可以提供更准确的学科咨询，解答用户的问题；通过机器学习技术，图书馆可以进行更有效的用户行为分析，提升用户服务的精准度和满意度。

人工智能技术的应用，不仅改变了图书馆的工作方式，还改变了图书馆的服务方式。通过人工智能技术，图书馆可以提供更个性化、更智能化的服务。例如，根据用户的阅读历史和搜索行为，图书馆可以为用户推荐感兴趣的学术资源；根据用户的疑问和需求，图书馆可以为用户提供有针对性的学科咨询；根据用户的反馈和评价，图书馆可以为用户优化服务流程和服务内容。总之，人工智能技术使图书馆的服务更加精准，更加个性化，更加智能化。

未来，随着人工智能技术的进一步发展，高校图书馆会将更多的服务流程自动化，将更多的服务内容个性化，将更多的服务方式智能化。我们期待，人工智能技术能够推动图书馆服务的创新，既能提升图书馆服务的效率，又能提升图书馆服务的质量，最终为用户提供更优质的学科服务和社会化服务。

（三）区块链技术的深度应用

区块链技术是指通过去中心化的方式集体维护一个可靠数据库的技术方案。[①]区块链技术具有公开、透明、不可篡改的特性，这种技术的应用将使高校图书馆的学科服务和社会化服务在未来发展中走向新的阶段。

区块链技术可以实现图书馆资源的公开和透明。每一个参与区块链的节点都可以看到完整的交易历史，而且这些交易记录无法被篡改。这就使图书馆的资源共享变得公开和透明，用户可以清楚地知道资源的来

---

① 林熹 . 区块链导论 [M]. 北京：机械工业出版社，2021：11.

源、流通和使用情况，这不仅提升了图书馆的公信力，而且增强了用户对图书馆的信任感。区块链技术还可以保证资源共享的公平性和公正性。在传统的图书馆服务中，资源的获取、分配和使用往往依赖于中心化的管理机构，而这往往会带来公平性和公正性的问题。而在区块链技术中，资源的获取、分配和使用由算法公正决定，无法被任何人或者任何组织操控，从而保证了资源共享的公平性和公正性。

区块链技术在保护用户的隐私方面也具有独特的优势。在传统的图书馆服务中，用户的个人信息、行为数据等往往需要保存在图书馆的服务器上，而这容易引发隐私泄露的风险。而在区块链技术中，用户的个人信息、行为数据等可以通过加密技术进行保护，只有通过用户的私钥才能解密，这极大地保护了用户的隐私。

（四）构建全媒体环境

全媒体环境是对各种新兴媒体技术进行整合、融合的一个环境，它可以为用户提供更为丰富、立体的信息服务体验。对于图书馆来说，构建全媒体环境不仅是未来发展的一个重要方向，还是提升用户服务满意度和社会影响力的一个有效手段。

全媒体环境的构建依赖于各种新兴媒体技术的应用。例如，社交媒体可以让用户在获取信息的同时，也能进行交流和分享；移动互联网可以让用户随时随地获取和使用信息；虚拟现实可以让用户通过模拟的方式，更直观、更真实地感受和理解信息。这些新兴媒体技术的应用，不仅可以提供更为丰富、立体的信息服务，还可以提供更为便捷、个性化的用户体验。

全媒体环境的构建还需要图书馆自身的转型和发展。图书馆需要从传统的信息服务者，转变为现代的全媒体服务者；图书馆需要从单一的学术平台，转变为多元的社会平台；图书馆需要从被动的服务提供者，转变为主动的服务创新者。这种转型和发展，不仅可以提升图书馆的服务能力，还可以提升图书馆的社会影响力。

（五）展望未来图书馆模式

绿色图书馆的概念是近些年提出来并逐渐被接受的。它是一种对环保理念和绿色发展模式的具体实践，表现在高校图书馆的方方面面。在建筑设计上，可参照绿色建筑的设计理念，使用环保材料，并考虑自然光、通风、绿色植物等因素，以创造出舒适、环保的阅读空间。同时，高校图书馆在资料采购上可以通过推广电子文献来减少纸质文献的购买和使用，降低对森林资源的消耗和对环境的压力。此外，为了节能减排，图书馆可以在能源使用方面采用节能灯具、节水设施，并运用空调自动控制系统等，这不仅可以提高能源的使用效率，同时还能减少碳排放，达到更健康、环保的效果。通过这些方式，高校图书馆可以将绿色、环保的理念融入日常运营中，达到环保的目标，这也能带动用户养成绿色的生活方式。

智慧图书馆是数字化和信息化发展的产物，是未来图书馆发展的重要趋势。利用物联网、人工智能、大数据等技术，高校图书馆可以实现服务和管理的智能化、个性化，提供更为便捷、高效、贴心的服务，提升用户的满意度和忠诚度。例如，高校图书馆可以利用物联网技术，将图书馆的设施、设备、资源等连接到网络上，实现设施的远程控制、设备的智能管理、资源的在线访问等，以此来提高服务效率，降低运营成本；利用人工智能技术，高校图书馆可以提供智能搜索、个性化推荐、在线咨询等服务，如利用机器学习算法，根据用户的浏览历史和搜索行为，推荐相关的资料和服务，满足用户的个性化需求，提升服务的精准度；利用大数据技术，高校图书馆可以分析用户的行为数据，洞察用户的需求和喜好，预测用户的行为和趋势，指导服务的改进和创新，提升服务的前瞻性。

学习型图书馆的核心理念是以用户的学习需求和学习体验为中心，

它强调的不仅仅是信息的提供和传递，更关注用户的学习过程和学习成果。学习型图书馆致力于为用户提供舒适、开放、互动的学习环境，丰富、多元、个性的学习资源，自主、协同、终身的学习方式，以期培养用户的学习兴趣，激发用户的学习潜能，提升用户的学习效果，提高用户的学习满意度，实现图书馆与用户的共同成长。在学习环境方面，图书馆可以设计开放式阅览区、互动式学习区、静默式自习区、合作式研讨区等不同类型的学习空间，以满足用户的不同学习需求和学习风格，也可以配备先进的学习设备和学习工具，如笔记本电脑、电子白板、在线课程平台等，以支持用户的在线学习和远程学习。在学习资源方面，图书馆可以收集各种类型的学习资源，如图书、期刊、电子文献、网络课程、实验数据等，满足用户的知识需求和技能需求；图书馆也可以整理和展示学习资源，如主题导航、学科门户、知识地图等，帮助用户快速找到和获取学习资源；图书馆还可以提供个性化的学习资源，如个性化推荐、个性化定制、个性化学习路径等，满足用户的个性化学习需求。在学习方式方面，图书馆可以提供多样化的学习工具和学习服务，如搜索工具、阅读工具、写作工具、在线咨询、学习指导等，支持用户进行自主学习；也可以提供协作平台、学习社区、学习团队等，促进用户进行协同学习；还可以提供继续教育、职业发展、素质提升等，鼓励用户进行终身学习。

无论是绿色图书馆，智慧图书馆还是学习型图书馆，其最终目标都是为了更好地服务用户，满足用户的信息需求，提升用户的服务体验，推动社会的可持续发展。这些新型图书馆模式的探索和实践，也将为高校图书馆的未来发展提供新的思考和新的机遇。

参考文献

[1] 胡赛 . 高校图书馆管理与创新实践 [M]. 沈阳：万卷出版有限责任公司，2022.

[2] 陈长英 . 高校图书馆创新建设与管理 [M]. 长春：吉林出版集团股份有限公司，2021.

[3] 王秀琴，郑芙玉，浮肖肖 . 高校图书馆管理创新研究 [M]. 长春：吉林人民出版社，2021.

[4] 黄娜 . 高校图书馆与学科建设 [M]. 长春：吉林人民出版社，2019.

[5] 王欢 . 高校图书馆信息资源建设与实践 [M]. 长春：吉林大学出版社，2022.

[6] 王云凤 . 高校图书馆学科化服务 [M]. 北京：九州出版社，2020.

[7] 程静，鲁丹，陈金传 . 技术视角下高校图书馆创新实践 [M]. 上海：上海社会科学院出版社，2021.

[8] 舒予 . 高校图书馆学科服务研究及应用实践 [M]. 成都：四川大学出版社，2021.

[9] 郜红玉 . 高校图书馆服务模式探讨 [J]. 兰台内外，2022（30）：78-80.

[10] 杨雪梅，蔡艳青，陈兴刚 . 高校图书馆学科服务的转变 [J]. 科技资讯，2022，20（9）：210-212.

[11] 吉佈金罗勒玛.浅谈高校图书馆文化管理[J].长江丛刊,2022(4):84-86.

[12] 白丽珠.高校图书馆学科服务思考[J].读与写,2021,18(8):1.

[13] 李红.高校图书馆数字阅读服务现状与对策[J].文化产业,2023(9):103-105.

[14] 姜小函.高校图书馆读者服务管理研究[J].大众文艺,2023(8):118-120.

[15] 艾莉.高校图书馆创新管理思考[J].数码设计(下),2021,10(5):195.

[16] 彭青松.高校图书馆教育职能探析[J].文渊(小学版),2021(5):890.

[17] 张晶.高校图书馆发展路径分析[J].品牌研究,2021(4):261-263.

[18] 陈林.高校图书馆建设评价标准与效益分析[J].大众标准化,2023(9):55-57.

[19] 李跃其."互联网+"时代高校图书馆管理创新策略[J].办公室业务,2023(9):173-175.

[20] 曹辉.基于互联网的高校图书馆智能服务模式[J].科技资讯,2023,21(9):194-198.

[21] 尹以良.大数据技术在高校图书馆的应用[J].文化产业,2023(4):98-100.

[22] 史蕾,陈丽春,孙劭敏.高校图书馆精准服务乡村振兴探讨[J].合作经济与科技,2023(5):150-152.

[23] 张瑞卿.高校图书馆特色数据库建设的理论与实践[J].中国航班,2023(5):243-246.

[24] 张静怡,郭美娇.浅谈高校图书馆社团管理[J].办公室业务,2021(3):79-80.

[25] 宋静 . 高校图书馆信息资源服务研究 [J]. 大众文艺，2023（4）：103-105.

[26] 王婷婷 . 高校图书馆现代化管理研究 [J]. 内蒙古科技与经济，2023（7）：156-158.

[27] 王立杰，孙海燕，赵海燕，等 . 新时代高校图书馆馆员培训研究 [J]. 内蒙古科技与经济，2023（7）：150-155.

[28] 曾小红 . 高校图书馆智慧化建设的路径探析 [J]. 传播与版权，2023（3）：64-67.

[29] 王琳琳，金松根，武丽影 . 高校图书馆的智慧服务探析 [J]. 云南图书馆，2021（2）：36-38.

[30] 唐诗雯 . 高校图书馆社会化服务策略研究 [J]. 投资与合作，2021（3）：177-178.

[31] 杨海军 . 高校图书馆社会化服务的需求与优势 [J]. 办公室业务，2020（22）：55-56.

[32] 唐晓琴 . 浅析高校图书馆社会化服务模式 [J]. 参花（上），2020（4）：133.

[33] 张雨佳 . 智慧时代高校图书馆服务创新研究 [J]. 中文科技期刊数据库（全文版）社会科学，2023（1）：100-102.

[34] 徐秀灵 . 高校图书馆的核心价值 [J]. 建筑工程技术与设计，2019（31）：3880.

[35] 陈娜，徐旭光，王飞，等 . 高校图书馆用户黏性提升路径研究 [J]. 晋图学刊，2023（2）：20-26.

[36] 李洁清 . "互联网 +" 高校图书馆的建设 [J]. 营销界，2019（22）：113-114.

[37] 吴雨芳 . 高校图书馆智慧化服务建设研究 [J]. 时代报告，2022（46）：108-110.

[38] 翁建华 . 高校图书馆智慧服务模式探讨 [J]. 科技视界，2022（28）：

71–73.

[39] 孙声云.高校图书馆数据库评价与选择的策略研究 [J]. 前卫，2022（30）：13–15.

[40] 田野.高校图书馆学科服务体系建设研究：以内蒙古高校图书馆为例 [J]. 文化产业，2023（9）：100–102.

[41] 关玉娟.高校图书馆文献资源建设与读者服务 [J]. 商情，2022（23）：103–105.

[42] 王景红.高校图书馆服务标准化的构建 [J]. 大众标准化，2022（23）：159–161.

[43] 张中妍.高校图书馆学科服务的实施路径探微 [J]. 大众文艺，2022（24）：136–138.

[44] 张娟，主雪梅，王顺新.地方高校图书馆社会化服务研究 [J]. 知识经济，2022，623（21）：97–99.

[45] 鲍丽梅.高校图书馆读者管理工作优化研究 [J]. 科海故事博览，2022（21）：118–120.

[46] 从浪屿.高校图书馆服务标准化的构建与应用 [J]. 中国标准化，2022（20）：202–204.

[47] 曾梅.强化高校图书馆读者服务的措施 [J]. 才智，2022（20）：130–132.

[48] 于建海，朱佳林.高校图书馆智慧科研服务策略研究 [J]. 河南图书馆学刊，2022，42（12）：72–75.

[49] 龚鹏飞.高校图书馆读者空间的规划设计 [J]. 体育画报，2022（11）：115，119.

[50] 陆凤琳，袁润.高校图书馆形象感知的影响因素 [J]. 图书馆论坛，2022，42（12）：96–102.

[51] 王叶叶.高校图书馆学科服务满意度调查 [J]. 造纸装备及材料，2022，51（12）：185–187.

[52] 杨德伟.高校图书馆"双一流"建设的战略思考 [J]. 科技资讯, 2022，20（10）：202-204.

[53] 何泽宁.高校图书馆信息素养教育探究 [J]. 时代报告（奔流）, 2022（8）：125-127.

[54] 王雅琦.高校图书馆管理信息化建设策略 [J]. 中文信息, 2022（7）：28-30.

[55] 程倩倩.知识管理与高校图书馆服务创新的探讨 [J]. 科技资讯, 2022，20（7）：216-218.

[56] 江承融，杜佳敏.网络环境的高校图书馆工作创新分析 [J]. 南北桥, 2022（7）：174-176.

[57] 沈彦如.论信息时代高校图书馆管理创新 [J]. 速读（上旬）, 2022（7）：106-108.

[58] 苟廷颐，梁飞.高校图书馆开放获取服务分析 [J]. 遵义师范学院学报, 2022，24（6）：168-170.

[59] 王奇.浅析高校图书馆动态化管理建设 [J]. 现代农村科技, 2022（7）：95-96.

[60] 姜晓峰.高校图书馆信息素养教育研究 [J]. 中文科技期刊数据库（全文版）图书情报, 2022（6）：203-206.

[61] 郑萍，邱文梅.高校图书馆区域社会化服务探究 [J]. 吉林工程技术师范学院学报, 2022，38（5）：70-72.

[62] 李书娟.高校图书馆智慧服务现状及对策探究 [J]. 河南图书馆学刊, 2022，42（5）：72-73，85.

[63] 孙嫄媛，徐畅.高校图书馆试用数据库推广利用管见 [J]. 图书馆学刊, 2022，44（5）：21-24.

[64] 吕锦容.高校图书馆数字资源管理利用策略 [J]. 知识经济, 2022, 598（4）：113-114.

[65] 李思佳.高校图书馆服务工作的创新探索 [J]. 周口师范学院学报,

2022，39（4）：153-156.

[66] 姜振芳 . 高校图书馆绿色环保的创新探索 [J]. 环境工程，2022，40（4）：265.

[67] 陈光亮，谢明亮 . 高校图书馆服务智库建设策略探究 [J]. 内蒙古科技与经济，2022（3）：147-148，159.

[68] 曾涵 . 高校图书馆面向学科服务研究 [J]. 黑龙江档案，2022（2）：304-306.

[69] 韩嵩岳 . 高校图书馆情报信息服务提升策略 [J]. 吉林广播电视大学学报，2022（2）：77-79.

[70] 段晓莉 . 高校图书馆管理的信息化实践研究 [J]. 信息记录材料，2022，23（2）：26-28.

[71] 赵振兴 .5G 时代高校图书馆优化学科服务探究 [J]. 才智，2022（32）：198-200.

[72] 徐泽恒 . 高校图书馆嵌入式学科服务模式初探 [J]. 经济与社会发展研究，2020（6）：279.

[73] 孙岩 . 基于价值共创理论的高校图书馆学科服务模式研究 [J]. 电脑爱好者（普及版）（电子刊），2021（3）：909.